历史非史

孙硕夫　编

吉林人民出版社

图书在版编目（CIP）数据

历史非史 / 孙硕夫编. — 长春 : 吉林人民出版社,
2010.10（2021.3重印）
（青少年探索文库）
ISBN 978-7-206-07108-9

Ⅰ.①历… Ⅱ.①孙… Ⅲ.①中国—历史—青少年读物 Ⅳ.①K209

中国版本图书馆CIP数据核字(2010)第192134号

历史非史

编　　者:孙硕夫
责任编辑:葛　琳
吉林人民出版社出版（长春市人民大街7548号　邮政编码:130022）
印　刷:三河市燕春印务有限公司
开　本:700mm×970mm　　1/16
印　张:13　　　　　　字数:110千字
标准书号:ISBN 978-7-206-07108-9
版　次:2010年10月第1版　　　印　次:2021年3月第2次印刷
定　价:39.00元

目　录

述而不作的大学问家

孔子伟大，在宋代被尊为“至圣文宣王”，元代被尊为“大成至圣文宣王”，清代被尊为“大成至圣文宣先师”，以至“至圣先师”，大思想家、大教育家，中国唯一的文圣人。

孔子首创私学，开山儒家学派。他的教育思想，倡导有教无类；他的教育方法，践行因材施教；他的教学手段，推广好学深思、循循善诱、学而时习之。

就是这样一个孔子，按照现在的要求，肯定称不上大学问家，只能算一个中级知识分子，因为他没有自己的“专著”。《诗》、《书》、《礼》、《易》不是他的原创；《春秋》他只是个修订者和删节者；一部《论语》，只言片语，不过是他的弟子们根据他平时言行的记录。

孔子述而不作，禅宗不立文字，唐太宗没有出版过文集，而他们也都立了言。

述而不作，同样可以成为一流的大学问家。孔子没有老师、学历和文凭。

有教无类

孔子说过“有教无类”，意思是说：教育面前人人平等。教育公平，是最大的社会公平。

有教无类，有了这种平等和机会，才能言其他，“言而有信”；才能“朝闻道，夕死可矣”；才能“学而不厌，诲人不倦”；才能“见贤思齐焉，见不贤而内自省也”；才能“己所不欲，勿施于人”；才能“文质彬彬，然后君子”；才能“任重而道远”；才能“无可无不可”。

社会公平，首先体现在受教育的公平上。

《论语》之简

《论语》的文字最少，而影响最大，老子的《道德经》差不多也是这样。

《论语》就像一枚果子，它里面的“核儿”是“仁”——仁者爱人；吃到它的方法是“中庸”——不偏不倚。

《论语》里主要讲了怎样学习，怎样做人和做事。这三点都做到了，还有什么做不到吗？

宋朝的赵普说，“半部《论语》治天下”，说的就是这个道理。

“厩焚。子退朝，曰：‘伤人乎？’不问马。”以人为本，社会才能真正和谐。

子称先生

先秦时，诸子的“子”，有两种涵义，称人时意思是“先生”；称著作时意思是“总集”或“全集”。如“荀子”，称人时指“荀况先生”，称著作时指《荀况全集》。只有老子是个例外。老子名叫李耳，因为他活了很大岁数，太老了，世人便尊称他为“老子”，同时也用《老子》来称他的著作《道德经》。庄子的《南华经》，也称《庄子》。那么“诸子”，即为“先生”了。“诸子百家”，既是先秦时的“众先生”的称谓，同时也是一种重要的文化思潮。“诸子百家”主要包括：儒、道、墨、法、名、兵、杂、农、阴阳、纵横、小说诸家。儒家以孔孟为代表，主张修身进取，仁者爱人；道家以老庄为代表，主张与自然和谐，无为而治；墨家以墨翟为代表，主张博爱守诚，身体力行；法家以李悝、管仲为代表，韩非集大成，主张以法治国，以法行政……

一般说来，“子”是先秦时的政治产物。春秋战国时期，天下纷争，强者争霸，弱者争存。这种局面，搅乱了社会，也唤醒了社会。学术便由此而自由，学派便由此而确立。先秦不仅是文化自由的时代，也是文化自觉的时代。没有哪个时代能像先秦那样环境宽松，能像先秦那样畅所欲言。“子”开创了百家争鸣的学术繁荣局面。

“先生”还是有德者的称谓。《论语》和《孟子》里也多有记载。“子”称“先生”。先生者，师也。

“先生”还是对一般人的通称。学者、长者、有德者都可称“先生”。到了现代，“先生”又泛指对一般人的敬称。

“子”称“先生”；先秦之后没有“子”。

老年的哲学

老子活得很老，老得没了牙口，只剩下了舌头。硬的没了，软的还在，这是以柔克刚的结果，老子嘛。没有人知道老子是什么时候死的。老子出关时，恐怕已有七八十岁了，骑着青牛一走从此再无消息，只留下一部五千言的《道德经》。庄子也活了八十多岁，庄子齐物，一生逍遥，肯定身板硬朗。孔子活了七十三岁，孟子活了八十四岁。老年人怕说七十三八十四，可能源于孔子和孟子的年龄。所以，老庄和孔孟的哲学千沟万壑，城府及深，让人探不到最底。

老年有老年的经验，年轻有年轻的可取。老于世故，是哲学的深刻，同样也是哲学的大敌。老年的哲学，是瑰宝，也是包袱。

一种统计

有文化学者统计：在“四书”、“五经”里，“仁”字出现 257 次；“义”字出现 130 次；“道”字出现 187 次；“德”字出现 105 次。

又有人统计：《论语》11750 字；《孟子》34685 字；《书》25700 字；《诗》39234 字；《礼记》99010 字；《左传》196845 字。

从统计数字入手看儒家经典的主旨，不乏作为一个“方法”，从中可以梳理出文理脉络及其走向，而这么一统计，“仁”、“义”、“道”、“德”就全都出来了。

统计也是一种可取。

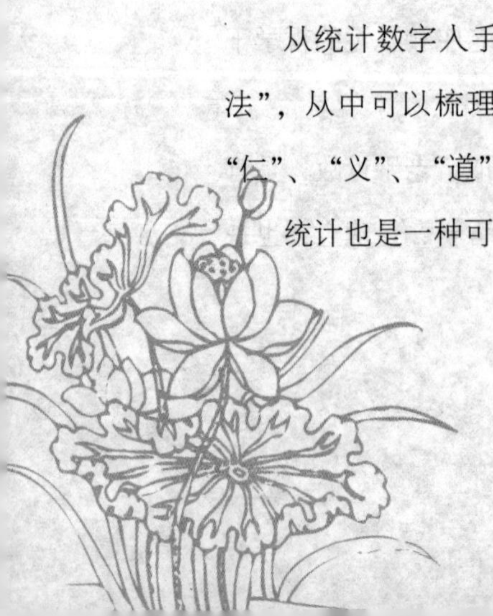

孔子不姓“孔”

孔子名丘，字仲尼。确切地说，孔子姓“子”，“孔”是他的氏。秦以前，姓与氏是有区别的。区别在于：姓表示血缘，氏表示宗族和社会地位。春秋时期，男子不称姓只称氏。贱者有姓无氏，贵族有姓有氏。氏只是贵族的标志和专利。秦灭六国统一天下后，姓氏合流，氏也就成了姓。

据《史记·孔子世家》记载，孔子的祖先是宋国人。宋国虽小，因宋国地处中原，文化较比其他国家发达，老子、庄子、墨子就都是宋国人。宋本是商人后裔的封国。商人的始祖是契，契长大后，被封于商，舜帝姚重华赐契姓“子”。孔子的先人是以祖先孔父嘉的字“孔父”为氏的，所以得氏为“孔”。以先祖的字为氏，也是当时的一种得氏方式，其他方式还有以国为氏和以邑为氏的等。

《史记·孔子世家》记载：孔子父叔梁纥，母颜氏，“叔梁纥与颜氏野合生孔子。”当时叔梁纥六十多岁，颜氏二十多岁，“野合”指不合婚姻礼数，想其他概是揣测。

所以，孔子姓子，氏孔。

《论语》之“论”

《论语》约一万多字，孔子语录，为《四书》之一。

《论语》之“论”是为何意呢？

中国古代写作体例，大体可分为“著作”、“编述”和“钞纂”三大类。由钞纂而成的书籍称为“论”。《论语》之“论”，为排比资料、纂辑而成的意思；《论语》之“语”，为语录之意。《论语》即为辑纂孔子及其弟子语录。《汉书·艺文志》在解释《论语》的来历时说：“论语者，孔子答应弟子、时人，及弟子相与谈接，闻于夫子之语也。……夫子既卒，门人相与论纂，故称之《论语》。”

《论语》各篇均取首章开头两字作篇名，共计有“学而”、“为政”、“八佾”、“里仁”、“公冶长”、“雍也”、“述而”、“泰伯”、“子罕”、“乡党”、“先进”、“颜渊”、“子路”、

“宪问”、“卫灵公”、“季氏”、“阳货”、“微子”、“子张”、“尧曰”，凡二十篇。

《论语》阐述了：做学问的基本要求和方法；治国理政的基本方法；为政者应遵循的道德修养。

《论语》记述了：孔子的德行，以及在日常生活中的举止和仪表。

《论语》反映了：孔子的政治思想和观点，以及关于“仁”的学说和主张。

《论语》还记述了孔子的学生们的言论。

《论语》之“论”，“论”在其中。

孔子离过婚

孔子是离过婚的人。孔子一生倡导“修身、齐家、治国、平天下”，其结果是：在“修身”方面，说的做的看似个圣人；“治国”并不成功，周游列国也有没几个国君买他的账；“齐家”却是个失败者。

孔子的妻子亓官氏，就是被他休掉的。休妻理由莫衷一是，怎么说的都有。休妻后，孔子对亓官氏仍然不宽容。亓官氏去世后，儿子伯鱼为母服丧一年，期满之后，伯鱼念及母亲一生不幸，禁不住伤心落泪。孔子知道后很不高兴。《礼记》记载：“伯鱼之母死，期而犹哭，夫子闻之曰：‘谁与哭者?’门人曰：‘鲤也。’夫子曰：‘嘻！其甚也！’伯鱼闻之，遂除之。”亓官氏约死于公元前 485 年，十多年后孔子去世。

从史书记载和孔子的言行录中可以看出，孔子是一个很有人情味的人，唯独对亓官氏，孔子是分毫不讲情面的。

孔子推崇中庸，修身处世应该不偏不倚才是，而恰恰孔子在这个问题上走了偏。“圣人”也未能免俗，“圣人”也有不“圣”的时候。

君子《论语》

《论语》是一部君子之书。

《论语》分为“学而”、“为政”、“八佾”、“里仁”、“公冶长”、“雍也”、“述而”、“泰伯”、“子罕”、“乡党”、“先进”、“颜渊”、“子路”、“宪问”、“卫灵公”、“季氏”、“阳货”、“微子”、“子张”、“尧曰”，凡二十篇，仅“君子”一词就出现了九十余处，多乎哉，不多也！其中广为人知并经常为人们传诵引用的如：

“君子食无求饱”、“君子不器”、“君子周而不比”、“君子无所争”、“君子怀德，小人怀土；君子怀刑，小人怀惠”、“君子喻于义，小人喻于利”、“君子讷于言而敏于行”、“君子博学于文”、“君子坦荡荡，小人长戚戚”、“君子成人之美，不成人之恶”、“君子之德风，小人之德草”、“君子以文会友，以友辅仁”、“君子和而不同，小人同而不和”、“君子泰而不骄，小人骄而不泰”、“君子上达，小人下达”、“君子求诸已，小人求诸人”、“君子矜而不争，群而不党”、“君子不以言举人，不以人废言”、“君子谋道不谋食”、“君子忧道不忧贫”、“君子贞而不谅”、“君子惠而不费，劳而不怨，欲而不贪，泰而不骄，威而不猛”，等等，一一道出了作为“君子”的行为准则和规范——修身，做人。

《论语》里，“君子”不但承载着孔子的“仁政”思想、中庸思想、教育思想，更表现出孔子人格理想的光辉。

一部君子《论语》，道尽“君子”之道。

称“子”之人

古时，男人称子；古时，子称先生。

先秦诸“子”：老子、孔子、孙子、墨子、孟子、杨子、韩非子、庄子、荀子……

孔子学生：子舆（曾参）、子夏（卜商）、子禽（陈亢）、子贡（端木赐）、子迟（樊迟）、子游（言偃）、子渊（颜回）、子张（颛孙）、子路（仲由）、子求（冉有）、子容（南宫适）、子长（公冶长）、子我（宰予）、子贱（宓不齐）、子若（漆雕开）、子华（公西赤）、子骞（闵子骞）、子开（琴牢）、子羔（柴高）、子牛（司马牛）、子思（原宪）……

历代文人字子：司马迁字子长，刘向字子政，杨雄字子云，曹植字子建，向秀字子期，庾信字子山，王勃字子安，张九龄字子寿，杜甫字子美，王翰字子羽，柳宗元字子厚，宋祁字子京，苏舜钦字子美，苏轼字子瞻，苏辙字子由，曾巩字子固，袁枚字子才……

子代表一种儒雅，代表一种风度，代表一种学问。子作为一种诲人文化，子即是渡人的津梁。

文心史笔

文心史笔，可以载万世之汗青。文心可以雕龙，史笔旨在直书其事。不是世上没有董狐，不是人人都可以成为董狐。

董狐是晋灵公在位时的一个史官。晋灵公平时胡作非为，晋卿赵盾屡次劝谏，可晋灵公非但不听，反而要除掉赵盾。赵盾只好出逃避难。这时候，赵盾的族人赵穿举兵杀死晋灵公，接赵盾回城，并另立晋成公为国君。对这件事，董狐认为责任在赵盾，因此便在史册上记下："赵盾弑其君。"

赵盾见了，大为吃惊，解释自己并无弑君之意。董狐说："你身居相位，出走既没有出国境，回来时也没有惩办凶手，这弑君之名，不是你，还应该是谁呢？"

孔子评价说："董狐，古之良史也，书法不隐。"后来，人们把直书其事的文笔称之为"董狐之笔"。

又有《左传》记载：齐庄公与大臣崔杼的妻子私通，崔杼一怒之下杀了齐庄公，齐国的史官记下了这件事，写道："崔杼弑其君。"崔杼不由分说地把这个史官杀了。继任的史官，又记下："崔杼弑其君。"崔杼把第二个史官也给杀了。第三个史官继任后，依然记下："崔杼弑其君。"崔杼没办法再杀下去了。当时还有一个外地的史官南史氏，听说齐国的几个史官接连被杀，便不顾再次被杀的危险，带着竹简毅然前往，准备当崔杼的面，再记下"崔杼弑其君"。结果得知这件事已经写入史册，他才返回。

历代史学家都号称"秉笔直书"，但修正史时，仍然免不了为尊者讳，为长者讳。譬如《春秋》就不明记鲁国庆父杀公子，不能如实地反映历史，结果掩盖了某些事实真相。

文心史笔，心要"文"，要不唯权，不唯势，唯真理，史才能是。

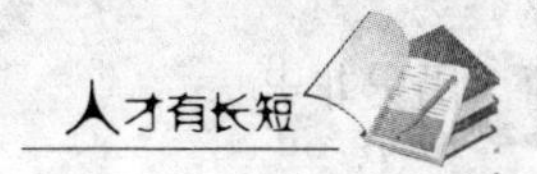

人才有长短

所谓人才，要看把他放在什么地方。经常有这样一种情况：人才的长处，也是人才的短处，用在此处即为所长，用在彼处即为所短。

春秋末期，越国大臣范蠡帮助越王勾践打败了吴王夫差后，功成身退，转而经商，很快成了一名大富翁。这时，他的一个儿子在楚国犯下了不赦之罪，范蠡想用重金贿赂楚国官员，以换回儿子的性命，便决定派小儿子去办理此事。临行前，范蠡的大儿子知道了此事，执意要去。范蠡只好改派大儿子，并写了一封信，让他交给从前的好友庄生。范蠡再三叮嘱大儿子，到了楚国，一切都要听从庄生安排、处理此事。范蠡的大儿子到了楚国后，拜会了庄生。庄生收下钱财后对他说，你立即离开楚国，以后你弟弟即便放出来，也不要打听其中原

委。范蠡的大儿子见庄生家境并不富裕，更无权贵之相，便认为难成此事，因而又另辟蹊径，擅自去贿赂其他权贵，以求双保险。庄生因耿介廉直，楚国上下都很尊重他。庄生并不想接受范蠡的贿赂，那些钱财分文没动，打算事成后物归原主。于是，庄生编了个理由向楚王进谏，以求释放范蠡的儿子。楚王采纳了庄生的建议，诏告天下，实行大赦。范蠡的大儿子闻说此事，知道弟弟一定会出狱，又心疼白白送出去的那些钱财，于是便去庄生家讨回。庄生很是恼怒，二次进宫向楚王进谏：以前大王准备大赦，旨在修德，只是其中一个人不能赦，此人杀人被囚，其家人带着重金在楚国上下行贿，如赦此人不是在行善，而是在积恶。楚王当即下旨处死范蠡的儿子，然后实行大赦。

范蠡看到儿子的尸体后大恸：是我亲手断送了儿子的性命啊！我知道派大儿子去只能害死他的弟弟，他惜金如命，是个守财奴，而小儿子却挥金如土，是个敢大把大把花钱的人，我怎么能让大儿子去办理这样的事情呢，是我用人不当啊！

讲学习

孔子在《论语》里讲了各种学习方式：

“(学而不厌）诲人不倦”——讲教别人学习；“(敏而好学）不耻下问”——讲向地位比自己低、学识比自己少的人学习；“知之为知之，不知为不知”（是知也）——讲向自己的同行学习；“见贤思齐”（见不贤而内自省也）——讲向道德高尚的人学习；“三人行，必有我帅焉。(择其善者而从之，择其不善者而改之)”——讲向多数人有选择地学习。

讲学习，在孔子看来是很重要的事情。

大境界

《晏子春秋》中有这么一段记载：

齐国三公大夫晏子指派高纠为自己管理家政，三年之后却突然辞退了高纠。很多人都不明其故，问晏子：高纠为你做事三年，你不仅没有重用他，反而把他赶走，他究竟有什么过失呀？

晏子回答说，十全十美的人只有圣人，我晏婴是一个出身卑微的人，有很多毛病，高纠跟随我已经三年，从来没有检举过我的缺失，留他在身边还有什么作用呢？

谁没有过错？谁又喜欢让人指出自己的过错呢？看看晏子，想想今人，能够让别人指出自己的过错，实属一个大境界。

坐怀不乱

柳下惠，是人们习惯的叫法，实际名为展禽，春秋时任鲁国大夫，掌管刑狱。柳下是他的封邑，惠是他死后的谥号。柳下惠为官清正廉洁，执法严明，不徇私情，道德修养也没说的，口碑极好，深得民众的信任。

一次，柳下惠从城外办完公事回来晚了，这时城门已经关闭。关闭后的城门，出于城防安全考虑，要等到第二天天亮才能重新开启。为了不破坏规矩，没有别的办法，柳下惠只好屈身夜宿城门洞了。没料到的是，有一年轻女子此时也正躲在城门洞避寒。夜深人静，一阵阵寒气袭来，那女子冻得瑟瑟发抖。柳下惠见了，就用自己的长袍把她裹在怀中，一直捱坐到天明，什么事情也没发生。国人得知这一情况，没有人怀疑柳下惠的行为有什么不端。柳下惠坐怀不乱便由此而得来。

在诱惑面前，把握自己不仅需要约束，还需要一种定力和境界，情操有时就是一种坚守。

弦外之音

中国传统文化，讲究弦外之音。究竟讲了些什么，从不说破，你得去反复琢磨。

有这样一个故事：

一天庄子与惠施在河边休闲。

庄子说，鱼儿自由自在地在水里游泳，这是何等的乐趣啊！

惠施说，你又不是鱼，怎么知道鱼的乐趣呢？

庄子说，你又不是我，怎么知道我不知道鱼的乐趣呢？

他们的这些话说得都玄，你得去琢磨。

老子历来被称作中国智慧的第一人，他在《道德经》开篇的第一句话就是那个“道可道，非常道”和“名可名，非常名”。然后便是“无，名天地之始；有，名万物之母。故常无，欲以观其妙；常有，欲以观其微。此两者同出而异名，同谓之玄，玄而又玄，众妙之门。”老子的话说得更玄，玄得让人琢磨一辈子。

老子以玄冠德，留下五千言就走了，骑青牛西出函谷关，从此一去无消息。老子的五千言，让后人说不清用了多少万言去诠释它，而且永远地言犹未尽。

中国传统文化的弦外之音，实在玄而又玄。

最喜欢比喻的人

惠施战国时的哲学家，和庄子认识。惠施有个特点，就是说话时常常爱打比方。

一次，梁惠王对惠施说，你说事情照直说就是了，不要没完没了地打比方，好像别人都什么也不懂，都是傻瓜，就你聪明。

惠施说，不打比方，怎么能讲清事理呢？如今有人不知道什么是“弹”，问别人“弹”是什么样？回答说“弹”的形状像“弹”。有谁能听明白呢？惠施又说，如果这样告诉他，弹的形状像射箭的弓，用竹片做弓梁，用丝绳做弓弦，又有谁听不明白呢？

梁惠王被惠施说得表示认可。

惠施又进一步阐述：为了说清事理，人们常常用别人都知道的事物去做比喻，使人们了解不知道的事物。打比方，就是这种讲清事理的方法。你不让我打比方，我又怎么能说清楚道理呢？

梁惠王终于懂得了比喻的妙用，连连点头称是：那么，你就继续比喻吧。

比喻就是将陌生变为熟识，将深奥变为浅显，将抽象变为形象。比喻就是用方法亲近哲学。

生死之辩

《庄子·至乐》里记述了这样一个故事：

庄子的妻子死了，惠施前来吊祭，见庄子正盘腿坐在地上，敲着瓦盆唱歌。

惠施说："你们夫妻一场，如今她已故去，你不哭也就罢了，还在敲着盆子唱歌，也太过分了！"

庄子说："你说得并不完全是这样。在她刚死的时候，我也悲痛过，但转念又一想，最初的她并没有生命，而且连形体也没有。后来由气而有了形体，由形体而有了生命。现在她又由生而死，生命的现象没有了，这是一种极平常的自然现象，就像四季的更替一样平常。明白了生死的道理，再为此而悲痛，我不就成傻瓜了吗？"

后来，明朝的冯梦龙便以此为素材，写成了小说《庄子休鼓盆成大道》，编入《警世通言》里。

在庄子看来，生命是一个过程。生死是一种自然现象，有生就有死，生与死，自然而然。如果没有死，就无所谓生，生也就是失去了本来的意义。庄子以一种旷达的心境，坦然地面对生死，体悟生死，从而获得无边的精神自由。庄子以对待生的态度对待死，在生死之间寻找自己的人生价值，这不能不说是一种超越。

无用的用途

先说一个有用无用的故事：

惠施有一棵葫芦树，所结的葫芦比正常的要大，可是大而无当，每次用它舀水时，拿起来就坏损，因此惠施觉得它无用。

庄子见了很可惜，提议把这葫芦做浮水用具，拴在腰间，借以渡人。与其用作舀水不当，不如用作渡人。

惠施以为葫芦舀水无用，庄子则以为葫芦渡人而有妙用。

事物都是相对的，无用也有有用的用途。庄子认为，人们都知道有用之物的用途，而不知晓无用之物的用途。又说，只有知道无用之物用途的人，才可以跟他讲事物的用途。大地是宽广的，然而人们所使用的，只要能容纳下双脚就够了。如若沿着脚边的土地都塌陷下去，谁还能站在那儿？明白了这个道理，也就明白了无用之用是怎么回事了。庄子又以飞禽和人为例，进一步发挥说，像那些会飞的鸟儿，使用的是一双翅膀，但捆绑住它的双脚，它也就不能再飞行了。人是用双脚走路的，但捆绑住他的双手，他也就走不快了。什么是有用，什么是无用，又怎能加以区分呢？所以，治理国家的人，能不以无用的看法来对待天下的人士，是最好不过了。

无用有无用的用途：看似有用，又似无用；看似无用，又似有用。世间没有无用的事物，只有无用的选择。选择在于优化，在于互为。相互作用了，什么事情都可能发生，什么都可能成为有用。无用不是无为，所有不为才能有所为，这便是庄子的哲学。

庄周梦蝶

庄子是中国文化史上一位了不起的人物。

庄子的思想，包括他的哲学思想、政治思想和文艺思想。庄子是集哲学家和文学家于一身的思想家。

庄子是智慧的。庄子惯于用散文来讲他的哲学，他的思维方式是逻辑思维、形象思维和灵感思维合为一体的，既讲形而上，又讲形而下。

夏季里的一天，庄周躺在花园里的一棵大树下，想着他的生活，想着他的哲学，想着现实想着未来，不知不觉中昏昏而睡。他梦见自己变为一只美丽的蝴蝶，自由自在于花间翩翩起舞。当他梦醒时，发现自己还是原来的那个自己，并非刚才那只蝴蝶，不禁问道："究竟是庄周变成了蝴蝶，还是蝴蝶变成了庄周呢？"没有人替他回答这个问题。

庄周梦为蝴蝶，可以花拥蝶，可以蝶恋花，自由而自在，对他来说是幸事；蝴蝶梦为庄周，为生存而劳顿，为进退而烦恼，忙忙碌碌，对它来说是不幸事。庄子讲的是无为之道，做的是有为之事。在庄子看来，相对才是绝对的呢。没有梦，没有惊，也没有醒，是庄子，还是非庄子呢？

无为而无不为。在规律面前，只能无为；掌握了规律，就无不为。这才是庄子哲学的精髓和方法。

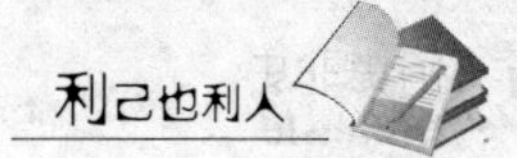

利己也利人

孟子说，杨子主张为我，拔一根毫毛而有利于天下，他是不肯干的。

墨子主张兼爱，就是从头到脚都磨损破了，只要有利于天下，他都乐意尽心去做。

乍一看，杨朱与墨翟的境界即见高下。

其实，事情并没有那么简单。墨子主张兼爱，并且能够身体力行，这是无可非议的。杨子又何尝试不明白，世间的问题不是拔一根毫毛就可以解决的，世人误会了他本来的意思。早就有人替杨子辩解说，一根毫毛虽说微不足道，但积累后可以成为肌肤，积累肌肤可以成为身体，所以说一根毫毛也是不可轻视的。

其实，杨子在这里隐晦了一个价值观问题。仅凭一句话，就给杨子戴上一顶利己主义的帽子，实在委屈了他，他的脑袋还没有那么大。任何时候，这个世界上都存在四种人：利己利人的人；利己不利人的人；利人不利己的人；不利己也不利人的人。且不说性善性恶，人性中毕竟有利己的一面，只要利己也利人，我们就没有理由不去选择它。

孔孟儒

释迦牟尼之前，没有佛教；耶稣之前，没有基督教。于是，人们便误以为是孔子创立了儒教。其实，孔子之前，儒教及其学说就已经存在，孔子是儒教的集大成者。关于儒，有先秦之儒，是为儒家，是学说上的儒；有汉朝之儒，是为儒教，是被圣化了的儒；有宋明之儒，是为儒学，是哲学化了的儒。至于新儒学，是结合西方哲学的产物。孔子的作用，是确立了儒家的地位并形成了一整套思想体系；是孟子把儒家学说发扬光大起来。

中国文化向来是孔孟并举，尊孔子为“圣人”，孟子为“亚圣”。

孔子为学，“三十而立，四十不惑，五十为知天命，六十而耳顺，七十而从心所欲，不逾矩。”

孟子为学，“学问之道无他，求其放心而已矣。”孟子的基调是理想主义和乐观主义的，孟子相信性本善。在很多方面，孟子的政治思想与孔子尤为接近。孟子更相信国君应该靠“仁政”，而不应该靠武力来统治国家和人民。孟子还主张，“食、色，性也”，反对禁欲主义。孟子以他的聪睿，发展出一套心性理论，但在精神上并未背离孔子，只是在表达上孔子更圆通，孟子更直露。

把西方的基督神学和中国的儒学在传承上进行比较，作为耶稣的使徒保罗，对基督神学的影响，超过了任何一位基督教思想家；作为孔子的继承人孟子，对儒家学说的影响，更是超过历代儒家学者。孔子和孟子就是以他们学说上的持久影响，形成了后来的“孔孟之道”。

两种人生范式

不同的人文理想，即有不同的人生范式：以孔孟为代表的进取人生；以老庄为代表的无为人生。这两种人生范式，作为中国传统文人的一个集中体认。

进取人生，从自我通向社会，责任而执著；无为人生，从社会退回自然，虚无而超然。作为进取人生，先认知一种人生理想，为实现这个理想，或已天下为己任，或上下而求索，或舍生取义，或杀身成仁，超越自我，以达到修身齐家治国平天下；作为无为人生，强调大智若愚，大巧若拙，大辩若讷，强调无功无名无己，强调无知无欲无为，超越现实，以实现心灵的宁静。

两种人生范式，放逐各自的人生理想，互为补充，互为进退与和谐。两种人生范式，既为后人塑造了建功立业、积极进取的人文形象，又为后人塑造了悠闲超脱、有所不为有所为的人文形象。

两种人文理想，两种方法和途径。

善假于物

假物理论，用白话说，即为工具意识和工具行为。科学，就是从工具意识和工具行为开始的。

假物，既能启蒙人类思想，又能光大人类的文明。荀子在《劝学》篇中是这样论述假物的："吾尝终日而思矣，不如须臾之所学也；吾尝跂而望矣，不如登高之博见也。登高而招，臂非加长也，而见者远；顺风而呼，声非加疾也，而闻者彰。假与马者，非利足也，而致千里；假舟楫者，非能水也，而绝江河。君子性非异也，善假于物也。"

荀子的假物理论，并没有在哲学上引起足够的重视，也没有因一片云彩的聚散而改变了时空。中国古代的科学技术可谓不算不发达，然而在正统观念中，工具意识和行为，从来登不上大雅之堂。虽偶有发明，也只能视作奇技淫巧的稀罕物，供少数人把玩，或者被束之高阁在宫廷里，而不能用于生产和生活上。善假于物，既可为哲学提供实验手段，又可推动文明进程，而中国的哲学和文化，恰恰在这一环节上脱落了，玄来玄去，被后来的西方世界甩在了后面。

假物作为一种实用的哲学命题，应该把它发挥到极致，利用得恰到好处。做得好的民族，不但科学发达，哲学同样也发达。抱残守缺，终究是被动的。

儒释道禅

在中国本土，有儒释道禅。儒以知命有为为其哲学，教人入世；释以关怀人的灵魂为其哲学，教人避苦；道以自然无为为其哲学，教人长生；禅以不立文字直指心性为其哲学，教人顿悟。佛研究的是死后如何，道研究的是如何不死，儒研究的是怎样处世，禅研究的是亲身体验。儒释道禅各有其妙，妙在法，妙在一种尊崇和有所为有所不为。儒释道禅时而教人活得明白，时而教人活得糊涂，既难得明白，又难得糊涂。往往，糊涂的时候清醒，清醒的时候糊涂。儒释道禅，既让人欲求无争，又让人欲罢不能。

吕子论学

自古及今，论述学习的格言警句，俯拾皆是，多得不能再多了，滥得不能再滥了。有的说得精辟；有的说得透彻；有的说得明白；有的说得糊涂；有的说得如高山流水；有的说得让人不知所云。谁说得也不如吕子论学，逼得人走投无路，又没了辙。难怪吕不韦要赏金捉字。

《吕氏春秋》中的劝学篇，是这样论述学习的：天生人，就是让人的耳朵可以听，不学习，人的听力就不如聋子；让人的眼睛可以看见东西，不学习，人的视力就不如瞎子；让人的嘴巴可以讲话，不学习，人的讲话能力就不如哑巴；让人的心可以思考，不学习，人的智力就不如傻子。所以，学习并不是为增加人的天赋，而是让人的天赋得到充分地发挥。既能发挥人的潜能，又不荒废人的天赋，才可称作会学习。虽然这话讲得有些过于偏激，但让人无可挑剔：打了一巴掌，又赏个甜枣，说是也不是，说不是也不是。吕子论学，绝了！

诡辩的哲学

战国末期，名家代表人物公孙龙提出一个“白马非马”的命题，许多人为之不解，为之困惑，认为这是不折不扣的“诡辩”。

公孙龙的“白马非马”命题，主要论点有三：

第一，在“马”和“白马”这两个概念的内涵上，“马”是指马的形态，“白马”是指马的颜色，而形态不等于颜色，“马”与“白马”是两个不同的概念，所以白马非马。

第二，在“马”与“白马”这两个概念的外延上，“马”包括一切马，“白马”只包括白颜色的马。“马”对于颜色，没有肯定，也没有否定。如果只要“马”，黄马、黑马都可以满足需要；如果只要“白马”，那只有白颜色的马可以满足需要，黄马、黑马都不可能满足需要。对于颜色无所肯定和否定，跟对颜色有所肯定和否定是不同的，所以白马非马。

第三，在个性与共性的关系上，从个别到一般，“马”这个一般，只是一切马所共有性质，其中并没有颜色的性质，马只是马，如此而已。而“白马”这个个别，是一切马所共有的性质又加上白的性质，所以白马非马。

公孙龙这则“诡辩”，从逻辑上讲，是正确的；从事实上看，是错误的。

其实，公孙龙又何尝不知道他的“白马非马”的命题在事实上是错误的？然而，思想和事实是两回事，哲学就是哲学，事实就是事实，能够理解到这一点，才算哲学刚刚入了门。先跨进这道门槛，然后再去“诡辩”，这才称之为雄辩。

逆境与作为

逆境和苦难，从它的负面来看，是人生不可多得的一笔财富。对于一些思想者来说，没有人生厚重的沉积和磨难，便不会产生传世的经典。司马迁在《报任安书》里说得极是："文王拘而演《周易》；仲尼厄而作《春秋》；屈原放逐，乃赋《离骚》；左丘失明，厥有《国语》；孙子膑脚，《兵法》修列；不韦迁蜀，世传《吕览》；韩非囚秦，《说难》、《孤愤》；《诗》三百篇，大底圣贤发愤之作也。"司马迁本人也因受宫刑而作《史记》。

据考证，宫刑最初的作用，是为了惩治男女之间不正当的性关系。渐渐地，宫刑的施刑范围扩大了，成为滥施刑罚的一种严酷手段。汉武帝好大喜功，本身又是个残暴之君，只因司马迁在李陵问题上讲了真话，为投降匈奴的李陵辩解了几句，就被处以这样的刑罚。李陵事件，对司马迁的打击是致命的。宫刑不仅使司马迁在肉体上蒙受了巨大的痛苦，也给他带来了无比的耻辱。被处以宫刑的人，要终生受辱，生不如死。由于宫刑是一种不把人当人看待的酷刑，所以受此刑罚也就因其人格受辱而为人们所不齿，何况司马迁又是为了活命而主动请求施以宫刑的，这就更加遭到了世人的鄙视和不理解。幸而，司马迁是个胸怀大志、意志坚强的人，虽说受辱，也曾有过不想活下去的念头，可是他要修史，他要完成《史记》，才忍辱负重的。这也是他得以活下去唯一的精神寄托。能够在受辱后发愤并有所作为，司马迁当属天下第一人。

逆境和苦难，对于思想者个人也许是不幸的，而对于整个人类文化来说，却是大幸。如果没有一些天才们的不幸遭遇，便不会留下如此丰厚的文化遗产。

逆境和苦难是有代价的。作为人生的财富，实在不可多得，而又实在没有人愿意为此获得。我们感谢经典，首先应该正视逆境的苦难，正因为这些逆境和苦难，成就了人类历史上数不胜数的思想者和杰出人物，推动着人类文明的进程。

帝王诗

汉高祖刘邦一生只写了一首《大风歌》：“大风起兮云飞扬。威加海内兮归故乡。安得猛士兮守四方！”说不上好，也说不上坏。

汉武帝刘彻让人记住的只有一首《秋风辞》：“秋内起兮白云飞，草木黄落兮雁南归。兰有秀兮菊有芳，怀佳人兮不能忘。泛楼船兮济汾河，横中流兮扬素波。箫鼓鸣兮发棹歌，欢乐极兮哀情多。少壮几时兮奈若何！”诗写得还算有些文学味，勉强说过得去。

宋太祖赵匡胤文化水平相对要好一些，平时也能吟上两句诗，有一首咏日诗是这样写的：“欲出未出光辣达，千山万山如火发。须臾走向天上来，赶却残星赶却月。”这首诗写得既不上口成句，又无诗的形象可言，实在不怎么样。

还有明太祖朱元璋，他模仿黄巢也写了首咏菊诗：“百花发时我不发，我若发时都吓杀。要与西风战一场，遍身就穿黄金甲。”比顺口溜还顺口溜，不值一提。

写诗最好要算曹操，曹操不是帝王而胜似帝王，他的诗《短歌行》、《观沧海》、《龟虽寿》就写得有情感，有胸怀，有气魄，至今人们还能记得其中的佳句：“对酒当歌，人生几何”、“山不厌高，海不厌深”、“日月之行，若出其中；星汉灿烂，若出其里”、“老骥伏枥，志在千里；烈士暮年，壮心不已”，等等。

清高宗乾隆一生写诗无数，比写诗最多的南宋大诗人陆游写的诗还要多得多。《全唐诗》一共收录了唐代诗人两千余人，诗作总共不到五万首。乾隆一人的诗作，差不多相当于《全唐诗》的总量。乾隆写诗只是为了潇洒，为了附庸风雅。他玩诗，诗也玩他：让人一首也记不住。

不为荒唐误

《三国志》里记述了这样一个故事：先主刘备入蜀时，天下大旱，刘备便严令戒酒，如若发现谁家存有酿酒的器具，将视为有造酒嫌疑，处与造酒者同样的刑罚。

一天，简雍陪同刘备视察乡里，路见一对男女迎面走来，简雍便对刘备说："这二人是淫夫淫妇，把他们抓起来！"刘备说："你怎么知道他们是那种人？"简雍回答说："他们身上有行淫之物，所以应与行淫者同罪。"刘备大笑，从此不再提及此事。

简雍用巧妙的语言，规劝刘备颁法不能太机械，一律打家伙，法度也要因时制宜，因事制宜。家藏酿酒器具，不能说明就是酿酒之人；身上长有性别器官，同样不能说明就是行淫之人。性别器官具有性事之功能，人皆有之。如若把凡长有性别

器官的人，都视为淫徒，与家存酿酒器具都视为造酒者，同样是荒唐的。幸好刘备还算开明，听了简雍的话，没有再继续错误下去。

生活中的荒唐事情比比皆是，荒唐多了，人们也就见怪而不怪，视荒唐而不荒唐，视不正常而正常，这才是最可悲的。不为荒唐误，不仅仅作为一种心理承受，更为一种博大。

捉刀之人

《世说新语》上说，三国时，魏武帝曹操将要接见匈奴使节，自以为形容不雅，担心影响国家形象，便叫崔琰代替，自己却捉刀站立床头。

接见完后，曹操派人去打探：“魏王如何?”

匈奴使节回答说：“魏王雅望非常，然床头捉刀人，此乃英雄也。”后来人们借此称代替别人作文为“捉刀”。

历代帝王的不少诗文，多出自捉刀人之手，譬如康熙朝有高士奇，乾隆朝有沈德潜。尽管如此，再绝妙的诗文也不能标有这些文士的大名，他们不过是帝王身边的“秘书班子”和高级“打工仔”。

慧语之慧

慧语妙在一个“慧”字。

慧语表现为一种机智，一种应变，一种即兴创作，一种聪明绝顶。

晋简文帝的舅舅庾亮去拜访尚书仆射周伯仁，周伯仁说：“你高兴些什么，怎么忽然胖起来了？”

庾亮说：“你忧伤些什么，怎么忽然瘦下去了？”

周伯仁说：“我没什么可忧伤的，只是清静淡泊之志一天天增加，污浊的思虑一天天去掉就是了！”

顾恺之博学多才，传说他有“三绝”：才绝，画绝，痴绝。顾恺之吃干蔗时，先吃蔗尾再吃蔗头，别人问他为什么这么做，他回答说：“这叫渐入佳境。”

一天，宋代文学家苏东坡吃过饭，用手扪着肚子慢慢行走，他边走边问身边的几个女人："你们说说，我这里装的是什么？"

一个婢女应声回答说："装的都是文章。"苏东坡不以为然。

另一个婢女说："装的都是巧智。"苏东坡说不对。

轮到他的爱妾朝云，她回答说："装的都是不合时宜的东西。"苏东坡捧腹大笑。

一个孩子见寺院里的工匠正在给大佛贴金，便问一位哲学家："他们在干什么？"

哲学家说："贴金。"

孩子又问："为什么？"

哲学家回答说："因为它们是假的。"

慧语都得来不费功夫。

真理也误人

读史过程中，读来读去，就不难发现这样一个耐人寻味的现象：

历代诸子、大师和哲人的言论，怎么读怎么“真理”，且放之四海而皆准。然而，把这些“真理”放在一起进行比较，即让人困惑，让人不知对错，尤其是对同一个问题的不同论述，即可见破绽百出，如同盲人摸象：各说各的“理”。

真理也常常出尔反尔。真是不比较还好，比较了反而使人愈加糊涂。

真理有时候也误人。

最后的人生败笔

宋人洪迈写了一部很有意思的书，这部书的书名叫《容斋随笔》。其中有一篇《人君寿考》，里面列举了五位高寿帝王，他们是：汉武帝刘彻，吴大帝孙权，梁武帝萧衍，唐高祖李渊，唐玄宗李隆基。这五位帝王相距不到九百年，而且都活了七十岁以上。纵观他们的一生，无论是三七开，四六开，还是五五开，一生有丰功，有事业，有江山，文治武功，轰轰烈烈；而偏偏在晚节上 留下了人生最大的败笔。

我们不妨一个一个地看，从后往前数：唐玄宗爱江山更爱美人，酿成“安史之乱”，逃亡失意，做了几天太上皇，带着怨恨而终；唐高祖坐了江山后，年迈昏浊而无主见，是似而非，后院起火，导致了“玄武门之变”，无可奈何地让去了皇位；梁武帝刚愎自用，不顾群臣反对，偏听偏信，引狼入室，导致了“侯景之乱”，被软禁受辱而死；吴大帝在“接班人”问题上缺少人性化管理，今天废除这个儿子，明天赐死那个儿子，导致了一场宫廷血腥，从此吴国再无振作，以至“三国归晋”成了历史必然；汉武帝老而无为，猜忌忠良，不思进取，尽失昔日气魄和风采，煌煌大汉开始走下坡路。五位皇帝一世风光，但谁也没有笑到人生最后。

人生常有败笔，谁都不例外。反思反思，比照比照，为的是不再留下同样的败笔。这就是读史的愉悦。

上行下效

帝王的诏命文书（上谕），不仅制约着政治的格局，而且对文风也产生着直接或间接的影响。这个影响，可以说是巨大的，有积极方面的，也有消极方面的。

秦末汉初的诏书，语言都很简约，譬如《恤民诏》和《养老诏》。由于皇帝的诏书不浮华，务实际，当时的奏疏文章也都很质朴、通俗。贾谊的《论积贮疏》和晁错的《论贵粟疏》即是样板。

三国时代，曹操提倡自由文风，为文不守成规，不拘一格，譬如曹操本人的《置屯田令》和《与孙权书》。由于曹操文风的影响，出现了以通脱、清峻、慷慨为特色的“魏晋风骨”。

南北朝是骈体文的鼎盛时期，尤其是南朝的宋齐梁陈各

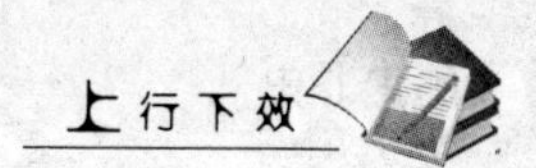

代。这一现象的出现，是与皇帝诏书风格的影响分不开的。南朝各帝崇尚骈体，所有的诏书皆用骈体，譬如齐明帝萧鸾的《罪王敬则诏》。

楚王好细腰，宫中多饿死。讲的就是这个意思。

上行而下效。诏命文书的语言风格，影响着时人的文章风格，继而也影响着世风和人格。

八年为限

自公元前 221 年至公元 1912 年，这两千一百三十三年间，从秦始皇到清宣统，中国一共历经了秦、汉、魏、晋、南北朝、隋、唐、宋、元、明、清等十一个主要王朝，得到史书承认的皇帝大约二百二十位左右。每个皇帝执政的时间，平均为九年，比现代西方总统连任时间约多一年左右。看来，无论哪一级，以八年期限作为一个执政阶段，是为上上策。

小人物不小

翻阅史书，所传的人物多是有头脸的将相，所记载的事件多是帝王的家事，不见经传的小人物生生地给忽略了。在历史进程中，小人物的作用，多与大事件联系在一起的。没有小人物的参与和实施，一些事件只能停留在或者谕旨，或者书面文告，或者一些人的一厢情愿上，很难落到实处。这方面，《左传》和《史记》做得要好一些。其他史书里面，很难找到那么多有名有姓的小人物。

小人物作为一种存在，自有他们的价值。小人物不小，小人物是一部活的历史。

用人不拘

战国时，七国为争雄天下，各自招来了四方游说之士。但六国所用宰相，基本都是本国人或本族人，譬如齐国的田忌、田婴、田文，韩国的公仲、公叔，赵国的奉阳君、平原君。

只有秦国不这样。几代秦王放心大胆地把国事交托给卫人商鞅、赵人楼缓、韩人吕不韦、燕人蔡泽、楚人李斯，而不加以怀疑，终于靠这些人兼并天下，完成了一统大业。

只要是人才即为我所用，这是秦国兴盛的一个因，当然还有指导思想、方针政策以及发展战略的正确诸方面。人才利国，庸才误国。正确的组织路线，在于用人不疑，在于不搞小圈子。只要是人才，能为我所用，就无所谓亲疏里表。秦国用才不疑而取天下，六国用才拘泥而失天下，这一得一失，权且在人才的起用上。用人不拘，非常了得。

帝王的权术

汉高祖刘邦打天下时，重武轻文，他经常侮辱文化人，用意是给那些头脑简单、又敢于拚命的武士们看的，以讨得他们的欢心，好让他们死心踏地替他卖命，为他打江山。等到做了皇帝，便一反过去的行为，自己也充起斯文来，用意是是给那些有文化、有头脑的文化人看的，以讨得他们的欢心，好让他们尽心尽力地替他做事，为他安天下。把这些政治把戏玩得炉火纯青的，还有宋太祖赵匡胤以及明太祖朱元璋。在本质上，他们都是流氓皇帝，可以不讲信誉，可以不讲良心，可以卸磨杀驴。

让人不是滋味的是，就连被称道为明君的唐太宗李世民，也喜欢用帝王权术。对于一个封建帝王来说，最大的政治就是如何驭人。李世民算是开明的，对他手下的那些重臣，无论怎样地忠心耿耿，但在关键时候还是放心不下，还是要玩上一把权术，以求得与他在政治上保持高度一致。在他病重时，就曾对太子李治说，李勣功高望众，你往后需要这个人来辅佐，所以我现在必须把他降级贬到外地去，你即位后再把他官复原职，只有你有恩于他，他才会感恩于你。唐太宗不惜以牺牲自己为代价，来换取李勣对儿子的效忠，不能不说用心良苦。

历史上，越是有作为的帝王，权术玩得越含蓄，他的属下臣子，无论是怎样的文，还是怎样的武，无论是怎样的智，还是怎样的勇，全是这样被设计进去的。

诸葛亮勤政

诸葛亮死那年五十四岁。他一生辅佐刘备征战南北，屡建奇功。刘备死后，他对自己及亲属的要求更为严格。马谡失街亭后，他引咎自责，上书后主刘禅，“请自贬三等”，从此更加兢兢业业，废寝忘食，把蜀国治理得井井有条。

不仅如此，诸葛亮生前在给后主刘禅的一份奏章中，还对自己的财产和收入情况进行了申报：

“成都有桑八百株，薄田十五顷，子弟衣食，自有余饶。至于臣在外任，无别调度，随身衣食，悉仰于官，不别治生，以长尺寸。臣死之日，不使内有余帛，外有赢财，以负陛下。”

诸葛亮去世后，其家中情形确实如奏章中所言。

像诸葛亮这样一位高权重的宰相，却能如此恪尽职守，廉洁奉公，为后来的官吏做出了表率。刘备死后，诸葛亮掌管蜀汉军政大权，以他的地位和权力而言，想为个人谋一点私利，是举手之劳。但是他始终严于律已，洁身自好，以自己的清廉行为，为后人树立了典范。

好好先生

后汉司马徽从来不说别人缺点，与人说话时，无论某人某事好坏，司马徽都说“好”。有人问司马徽：“最近不好吗？”回答说：“好。”又有人说自己的儿子去世了，司马徽说：“那更好。”他的妻子责备他，说：“别人是因为有疑虑，认为你品德和操守好，才向你请教，你怎么听了人家的儿子死了还说好呢？这也太不尽人情了。”司马徽说：“是啊是啊，像你这么说，也很好啊。”于是，时人都称司马徽“好好先生”。

其实，司马徽并不是不讲原则的和事佬，当初刘备探访他，问及天下大事，他在推荐诸葛亮和庞统时，就态度非常坚决。据《三国志》记载，当时庞德公称诸葛亮为“卧龙”，庞统为“凤雏”，司马徽为“水镜”。

天知地知

东汉时候，杨震赴任东莱太守，路经昌邑县，县令王密得知，觉得不能错过这个讨好上级、表现自己的机会，便趁着黑夜向杨震送礼，遭到杨震的拒绝。

王密看了看四周无人，压低了声音神秘地说："黑夜无人知晓此事。"

杨震看了看王密也认真地说："天知、地知、你知、我知，怎么说无人知道?"王密羞红着脸惭愧而去。

正如成语所云：若要人不知，除非己莫为。任何时候，光明正大才是正途。

清谈无补

魏晋时代，大兴清谈之风，以清谈为学问，以清谈为高雅。尤其是一些文人名士，在日常的谈吐中，非常注重言辞风度上的修养，言必成章，言必有典，言必思辩，并以此为时尚和风流。

《世说新语》中记载：徐孺子九岁时，有一次，在月光下玩耍，有人对他说："如果月亮里什么都没有，会更加光洁明亮吗？"

徐孺子说："不是这样的，好比人的眼睛里有瞳人，如果没有这个一定看不见。"

又记载：邓艾说话结巴，说话时经常"艾艾"地重复，有人与他开玩笑说："你说'艾艾'，到底有几个'艾'？"

邓艾回答说："凤兮凤兮，依然是一只凤。"

清谈需要智慧，讲究言简意赅，意味隽永。为活跃讲话气氛，给谈话增添几分情趣，未尝不可取。然而，一味地品评人物，竞谈玄理，摈弃时务，将昏昏然视作清醒，陶醉于不着边际的清谈之中，所问非所答，让人不得要领，于国于人都无补益。

清谈太“清”了，即为空谈。口中纵有千言，胸中实无一能，既不能算为政绩，又不能说是学问。“博士买驴，书卷三尺，未有驴字”。纸上谈兵的赵括，言过其实的马谡，都是最典型的坐而论道的空谈家。

崇尚虚无，善于言谈应对，是魏晋时代文士身上的金色彩衣，有了这身衣裳，才能被世人看作名流，这也是魏晋文学的一大特色。不尚空谈，就是为了抑制世人太热衷于清谈而倡导的。

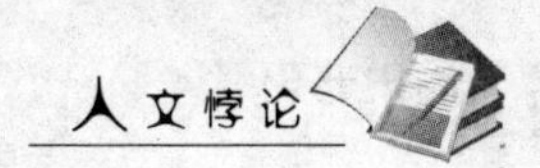

人文悖论

梁简文帝曾说过：“立身之道，与文章异，立身先须谨重，文章且须放荡。”

当然，做人要直，作诗要曲，不能像做人那样作诗，不能像作诗那样做人。

做人与作文有时就是最大的悖论。说的和做的，未必就是真的。任何时候，人和文都要分开看。

人是人，文是文，别太当真。文人和文章、做人和作文，自古而然。

酒人文学家

在中国古代文学家中，能喝酒的人很多，但有两个嗜酒如命的人，陶渊明是一个，李白是一个。

陶渊明不光能喝酒，他还写了很多的与酒有关的诗。在他的十四首五言诗里：“酒”字出现了三十一次；“醉”字出现了七次；“醪”字出现了三次；“酣”字出现了三次；“酌”字出现了三次；“醇”字出现了一次。然而，他的儿子各方面却都是成绩平平，没有一个能继承他的才华。

李白喝酒也是出了名的。杜甫曾为他写过一首诗：“李白斗酒诗百篇，长安市上酒家眠。天子呼来不上船，自称臣是酒中仙。”没有人能胜过李白的酒力。他在《将进酒》里写道：“钟鼓馔玉不足贵，但愿长醉不用醒。古来圣贤皆寂寞，惟有饮者留其名……五花马，千金裘，呼儿将出换美酒，与尔同销万古愁。”

除了陶渊明、李白，还有一个平时喜欢喝点酒的人，他就是自号“醉翁”的欧阳修。而欧阳修自诩“醉翁”不是沉溺于酒，整天喝得酩酊大醉，他“饮少便醉”，“醉能同其乐，醒能述以文”，“醉翁之意不在酒，在乎山水之间也。”他喝酒，“得之心而寓之酒也”。

陶渊明、李白，欧阳修都是一流的文学家，喝酒是一流，诗文也是一流。如果光能酒不能文，那可真就是“酒囊饭袋”了，也不会有人记得他们。

人是人文是文

文如其人，人无完人。古今中外，不管多么有作为的人物，在他们身上，都存有疵点。尽管这些疵点制约着他们的学术格局和路数，甚至削弱他们的风度，但只要疵不掩德，就不影响他们的杰出。

在中国文学史上，有文如其人的作家，如战国的屈原，东晋的陶渊明，他们的人品即是他们的文品；也有人文相悖的作家，如东晋诗人潘岳，唐初诗人宋之问，明末诗人兼剧作家阮大铖。

潘岳曾写过《悼亡诗》、《闲居赋》等名篇，算得上文坛有头脸的人物，但在他的为人上，却是很丢份儿。《晋书·潘岳传》中记载“岳性轻躁世利，与石崇等谄事贾谧，每候其出，辄望尘而拜。”

宋之问是当时很有名气的诗人，尤其在开创唐诗新风上，功不可没。《旧唐书》记载："弱冠知名，尤擅五言诗，当时无能出其左右者。"然而在宋之问身上，总有一种逢迎权贵的奴颜婢膝，谁权盛就媚附谁，善于政治投机，宋之问的诗作与他的人品几乎是成反比。

阮大铖也颇具才情，鲁迅称之曰"能作《燕子笺》之类"的古之"叭儿"，其品行之卑劣尽人皆知，但对他的剧本，特别是对他的诗，后人很少有恶评。

人品不好不等于文品不好，文品好不等于人品好。历史上，文如其人者有其人，文不如其人者亦有其人。

人是人文是文。

偏听偏信不得

唐代开国不久，一天，李世民问魏徵，怎样做才是明君，怎样做才是昏君？

魏徵对唐太宗说了这样一番话：国君之所以贤明，是因为他能够听取不同意见；国君之所以昏庸，是因为他偏听偏信。

从前圣人治国，广纳天下贤士，广听各方面意见，就没有不知道的事情，就没有不清楚的问题。

秦二世就不是这样，他隐居宫中，偏听偏信赵高一人，直到天下崩溃，还一点都不知道。

梁武帝就不是这样，他偏听偏信朱异一人，直到侯景攻城，竟然也都不知道。

隋炀帝就不是这样，他偏听偏信虞世基一人，直到国家危在旦夕，他全然不知道。所以，国君广泛听取各方面意见，是

多么必要啊！

历史上一些王朝的兴衰证明：兼听则明，偏听则暗。

推荐打分

唐初四位文人（四杰），人们给他们的排名是“王杨卢骆”。王勃第一、杨炯第二、卢照邻第三、骆宾王第四。结果身居第二的杨炯不服气地说：“愧在卢前，耻居王后。”历史上还有“屈宋”、“李杜”、“元白”、“苏辛”，以至现当代文学史上的“鲁（迅）、郭（沫若）、茅（盾）、巴（金）、老（舍）、曹（禺）”，等等。中国是讲究排名的国度，不分出个高低伯仲，是难以摆平的。

文章自己的好，虽然并不是每个写文章的人都这样想，但确实有不少人总是觉得自己的文章比别人强，认为即使自己不能称第一，在某一个方面第一，也说得过去吧。

“文无第一”，这早已是被证明过了的事情。以文名来排名次，有欠科学和公平。但可以给他们的业绩打分，这不能算不讲道理。美国的老百姓和历史学家就曾多次给他们的总统打过分，而且让民众心悦诚服。最后的一次打分如下：首位是林肯，富兰克林、罗斯福名列第二，华盛顿排第三，杰斐逊排第四。这四名总统被认为是“伟大的”，以下是“接近伟大”、“中上”、“中等”、“中下”和“不及格”。如果中国向世界推荐文学大师，应该是：屈原、司马迁、李白、杜甫、白居易、苏轼、曹雪芹和鲁迅。看来打分和推荐比排名更好。

关于“公仆”

中国历史上有官，有吏。实际上“官”和“吏”是有差别的两类人。用现在的说法，官是首长，吏是办事员。官离不开吏。吏也称作“胥吏”，就是衙门里的差役。

中国古代的官是三年一任，官要在当地干事，无论是干好事还是干坏事，都要依重吏去推动，缺他们不可。吏的角色可见一斑。吏不吃“皇粮”，不像现在的公务员。官是吃皇粮的。因为吃皇粮的人多了，就要纳税人去负担，是纳税人养活了这些人，所以说官是“公仆”。中国历史上的官民之比是：西汉时为 1:7945；唐高宗时为 1:3927；元成宗时为 1:2613；清康熙时为 1:911；新中国成立之时为 1:600。至于现在靠国家财政供养的人员与总人口之比是多少就很难说了。

其结果是：“社会主人”越来越少，“公仆”越来越多。

以官为镜

贞观十七年（公元 643 年），唐相魏徵病卒。太宗李世民自制碑文并为书石。太宗对其侍臣说："人以铜为镜，可以正衣冠；以古为镜，可以见兴替；以人为镜，可以知得失。魏徵没，朕亡一镜矣！"

以官为镜呢？《吕氏春秋》对官是从两个方面来解释的："官，犹公也。""官，正也。"一"公"二"正"，这才是官，官就应该是这个样子。以官为镜，一"公"二"正"，几面镜子照着你我，才能真正认识到自己是一个什么样的人。

贞观情结

贞观是一个政治清明的年代。

唐太宗李世民本人的治国方略是以人为本，信任人，放手使用人，事事把人放在第一位。唐太宗还能从谏如流，正反两方面意见都 听得进去，有则改之，无则加勉。其时政府官员既不敛财谋私，又能恪尽职守，兢兢业业地做好自己份内的事。贞观政治清明，文化繁荣，人民生活富足，超过以往任何朝代。

贞观唐朝，君臣关系情如亲人，社会和谐前所未有，国与国和睦相处。

贞观唐朝，朝廷上下尊儒重教，奖励学术人才，一片文学繁荣景象。

贞观唐朝，在文化传承和制度创新方面，也给后世留下了许多参照。

中国的三个盛世，第一个在西汉，从汉文帝、汉景帝到汉武帝，将近一百年；第二个在唐代，从唐贞观年间始，经唐高宗、武则天到唐玄宗开元年间，又是一百年左右；第三个是清代的康雍乾盛世，一百三十四年。

二十四史的六朝部分，也多是贞观年间修订的。房玄龄等撰《晋书》，李伯药撰《北齐书》，姚思廉等撰《周书》，魏徵等撰《隋书》，李延寿撰《南史》、《北史》。

在人际和谐和社会和谐方面，贞观第一。

中国诗词的局限

在唐诗宋词里，“花”、“酒”、“梦”、“愁”四个字出现的频率最高，信手拈来，无处不在。

笔者根据《唐诗三百首》统计：“花”字出现 78 次；“酒”字出现 35 次；“梦”字出现 25 次；“愁”字出现 35 次。

《宋词三百首》里这些字就更多了，依次是：“花”字出现 190 次；“酒”字出现 85 次；“梦”字出现 92 次；“愁”字出现 119 次。由此看来，中国汉字在表现生活和情感上很受局限，虽意犹未尽，但“花”、“酒”、“梦”、“愁”这些字眼用得过多过滥，好像中国的诗词除此再无其他。

陈子昂炒作自己

初唐诗人陈子昂是蜀中射洪人，在京城长安住了好几年，也没弄出什么动静，更没有人知道他姓氏名谁。

当时长安市场上有个卖胡琴的，要价高得出奇，不少人感到好奇，每天都有人去看这件琴，但没有人明白它的价值。

就在人们议论纷纭的时候，陈子昂从人群里走了出来，按估价没作任何犹豫就把琴买了下来。围观的人感到很惊讶，不解其意。陈子昂回答说，我买这件琴，就是因为我会弹奏它，而别人不会，买了也没用。有人提议让他现场弹奏一曲，陈子昂没有立刻答应，而是把自己居住的地方告之于众，并说第二天专门设宴恭候大家，他现场表演琴艺。

第二天，陈子昂的居所来了许多人，这其中不乏京城名流。陈子昂特备好酒好菜款待宾客，热闹非凡。

吃过饭，时候差不多了，陈子昂对现场所有的人说，蜀人陈子昂有诗文数百卷，文章多多，来到京城已好几年了，却默默无闻，不被世人所重视和认可，而这胡琴，只是件普通乐器，并没有什么价值，人们反而把它看作稀罕之物，奉为至宝，这难道公平吗？说着，陈子昂把琴高高举起来摔碎了，视之弃物，然后把写好的诗文取出来分别赠送在场宾客。

这件事不久，陈子昂名满京城。

科举培养了作家

在人才的发现和使用上，在中国古代，先是“世袭”，然后是“举荐”，然后是“科举”。

从“世袭”而“举荐”而“科举”的历史进程，有三个人起了非常大的作用：汉武帝、隋文帝和唐太宗。“世袭”只给极少数人以机会；“举荐”有相当的局限；“科举”使普通人才有了进身的机会。科举内容为经、史、艺、文，使用文体为“八股”。

唐宋时期，进士及第的文学名人居多，一边当着官，一边写着诗文，而且不乏名篇名著，是一种很惬意的事。这种现象明清以后逐渐减少了，当官的大多不怎么擅作诗文，而诗文写得好的人，官往往当得一塌糊涂。科举制度于选拔作家确实不利，但客观上却培养了作家。唐宋两代，除出李白、杜甫等少数人外，许多文学家差不多都是科举的副产品——在进士及第同时，也成就了他们的文学梦想。

唐太宗搞“五湖四海”

魏徵曾向李世民进言：“乱世惟求其才，不顾其行。太平之时，必须才行俱兼，始可任用。”魏徵将战争时期与和平时期的用人标准区别开来，是为大方略。唐太宗接受了魏徵的建议，用人搞五湖四海，惟才是举，惟德是尊。在人才的具体任用上，尽显大手笔，大家风范，以至连外族（国）人也不例外：

突厥人阿史那杜尔做了大将军，哥舒翰做了平西郡王，日本人阿倍仲麻吕任左散骑常侍、镇南都护，韩国人黑齿常之做了大将军，崔致远科举及第在唐朝为官一十八年……

在干部路线上搞五湖四海，说起来容易，做起来不容易，不但要知人善用，还要用而不疑，用而擅其长，这就是胸怀，这就是“五湖四海”。做到的人不多，唐太宗做到了。

“胡”说

中国古时候的“胡”，泛指北方和西部的一些少数民族，也泛指来自这些民族的一些器物，和现在的“洋”差不多。只是“胡”的时间较比远些，“洋”的时间较比近些。

中国的历史与文化，自“胡”入汉，由汉“去胡”，汉胡相依相生，你中有我、我中有你地杂糅在一起。自古及今，尽管一路“胡”来“胡”去，毕竟在相互的接触和交流中促进了沟通和了解，于是便有了胡椒、胡琴、胡同、胡床、胡服骑射……全都沾上了一个“胡”字。

无“胡”不成史。中国属于多民族融合文化类型国家，都是以民族冲突开始，又以民族和睦结束。历史上，无论哪一个民族，但凡滞留在中原地区的，不用多长时间，都给慢慢地融合掉了，变成了自家人。“胡”来“胡”去，反反复复了若干年，丰富中华文化的内涵，也体现了中华文化的包容性，如若不是这样，中国就不能称其为“中国”了。

这不是“胡说”。

不成文的限制

唐朝，史称大唐或盛唐，是政治开明、经济繁荣的时代。唐朝之所以“大”而“盛”，和不拘一格的用人制度不无直接关系。

唐代为了防止大臣年迈昏庸和久任跋扈，对政府官员的年龄及任期都有一些不成文的限制。唐初，太宗李世民最早注意到政府的老化问题。譬如，对一些德高望众的元老级人物，都配一些资历和品位并不怎么高，但精力充沛、有水平、能干事的人作为助手“参知政事”，负责具体工作，逐渐实现政府官员的知识化、年轻化。同时，唐代也不存在着政府官员只能上不能下的终身制。一代名相姚崇，年逾六十好几，身体仍然健康硬朗，届时也被批准退了休，回家去当普通老百姓。宰相尚且如此，其他政府官员就更不用说了。

政府官员一到年老体衰就主动申请退休，使国家限制政府官员年龄和任期，以及新老交替工作，进行得照比历史上任何一个朝代都顺利许多。唐代对政府官员年龄及任期的限制，给政局隐定和社会进步带来了生机。

自尊于江山社稷

盛唐时，魏徵时不时地就要批评一下唐太宗的过失，很伤其自尊，惹得这位大唐天子闷闷不乐，曾一度想杀了这个看不出眉眼高低的魏徵。这时，长孙皇后劝他说："能有像魏徵这样的大臣是你的福分啊！你也不想想，大唐朝没有你这样的明君，怎能有如此忠贞耿直的大臣呢？"

唐太宗转念一想，是啊，自己作为一国之君，整天听到的都是颂歌，看到的都是太平景象，有谁能够像魏微那样直言指出自己的不是呢？这才是最大的无私啊。没有魏徵，就无法知道自己的所作所为，哪些是正确的，哪些是错误的，更何谈去纠正了。于是，便对魏徵加以重赏。

从顾及个人尊严到以国家利益为重，这一转念，即是唐太宗开明的地方，也是唐太宗的包容和大度，这并不是每个人君

都能够做得到的。忠言逆耳，在唐太宗身上最能说明问题。

人要不断地反省自己，尤其在特别的时刻，它可以避免你出现更大的失误。

诗人角色

儒、释、道三教一本于“成圣”、“成佛”、“成仙”，李白、杜甫、王维这三个人，恰恰在这上面归了位——杜甫为诗圣，李白为诗仙、王维为诗佛。

李白为太白，杜甫为子美，王维为摩诘。名号不仅作为一个人的符号，也代表一个人的志向，同时名字还暗含着将成为一个什么样的人。譬如，李白与杜甫，一个以才，一个以学；一个重理想，一个重现实；一个写诗一气呵成，一个写诗苦心经营。又如，王维的田园山水诗，苏东坡曾评价说：“味摩诘之诗，诗中有画，观摩诘之画，画中有诗。”能写出如此高超的田园山水诗，正是王维积极进取转向参禅信佛境界的体现。李白一生，以青莲自居，放浪形骸，不愿摧眉折腰事权贵，一个缥缈的理想主义者；杜甫一生，穷年忧黎元，官应老病休，窃比稷与契，一个忧国忧民的现实主义者；王维为佛门弟子，却过着世俗生活，他参禅悟道，又不远离现实，一个无意进取又深陷其中的遁世主义者。

角色会累赘人的一生。写诗就是写诗，文学就是文学。

“发表”了一首唐诗

中国是一个诗的大国。唐朝是诗的黄金时代。唐诗是中国文学的奇葩。

唐代在不到三百年的历史中，留下来的诗歌总数很难确切统计。据清代康熙年间编辑的《全唐诗》所录，大约有2000多位诗人，4900多首诗歌。

唐诗的兴盛不仅在数量上无与伦比，在质量上也技压群芳。既有李白、杜甫、白居易等这样的世界级大诗人，还涌现出了王维、孟浩然、李贺、李商隐、杜牧等一大批优秀诗人。

不仅如此，唐代诗歌还出色地完成了古典诗歌各种形式的创造。无论是古体诗，还是近体诗，都继往开来，成为后人学习的典范。唐代诗歌的成就，可以说空前绝后。

那么，这么多的唐诗是通过什么样的渠道“发表”出来的呢？

呈示、寄赠，或向友人吟咏，作为最常见的“发表”形式。如李白的《赠汪伦》和《沙丘城下寄杜甫》就是这样“发表”出来的。

即席赋咏，口耳相传，也是一种通常的“发表”方式。如李商隐的《七月二十九日崇让宅宴作》。

墙壁题诗，成为唐代诗人约定俗成的“发表”园地。如晚唐诗人张祜曾在全国许多著名的寺观里都题过诗。

唐代诗人“发表”诗作的方式还有很多，除驿馆、寺观、名胜古迹这些主要“园地”外，渡口、酒肆、山石等都是题诗的好地方。

比起古人来，今人要幸福得多，除报刊和书籍等纸质媒体外，网络更便于自我的展示和表达。它除了提供参与，还有一种快适。

本末之宜

唐文宗李昂是个很节俭的皇帝，他严禁臣属衣着奢华，有位公主在参加宴会时穿的衣服超过了规定，他下令扣除驸马的俸薪以示戒惩。不仅如此，唐文宗还常常以一个人的衣着认定他是否清正廉洁。

一次，唐文宗对他的臣属说，你们看，我穿的衣服已经洗过三次了。臣属们纷纷赞扬他的美德。这时翰林学士兼侍书柳公权说，生活上俭朴固然值得赞美，但作为一国之君，他的职责是举贤用能，安邦治国，让百姓富足温饱。

柳公权的这番话，说到点子上了，也说得再透彻不过。一个皇帝好不好，穿的怎样只是生活细节，更主要的是看他的治国业绩。隐含的意思是：优良作风要发扬，而关注国计民生才是重中之重。

唐朝老人

唐代是一个敬老的朝代，对老人极为优待。不但在生活上给予关照，在精神层面也给予安慰和褒奖。这种开放和包容，无疑促进了社会的稳定和繁荣。开元二十三年（735年），这一年天子亲耕籍田。百岁以上老人，授予上州刺史虚衔；九十岁以上老人，授予中州刺史虚衔；八十岁以上老人，授予上州司马虚衔。开元二十七年（739年），这一年大赦。百岁以上老人，授予下州刺史虚衔，女人授予郡君称号；九十岁以老人，授予上州司马虚衔，女人授予县君称号；八十岁以上老人，授予县令虚衔，女人授予乡君称号。天宝七年（748年），京城中七十岁以上老人，授予县令虚衔；六十岁以上老人，授予县丞虚衔。

中国历史上有三个盛世，贞观盛世、开元盛世、康熙盛世，唐朝就占了两个。但凡盛世，开放和包容是必不可少的；但凡盛世，社会安定，生活富足，人也相对长寿，因此尊老爱幼也就蔚成风气。尽管朝廷对长者授予的都是虚衔，但作为一种“政治待遇”，对于促进社会和谐不乏作为一个有益的示范。

买官卖官

卖官作为一种吏制，早在西汉文帝时就已经有了。卖官在当时也叫“赀选”。赀选规定，除了商人，凡有点“出身”的人，都可以交纳一定的银两后被录用。当时汉朝正处于休养生息时期，出台这样的政策，一是出于人才需要，二是为了充盈国库。武帝年间，卖官范围继续扩大，不但解除了对商人的限制，每个官级还都规定了不同的价格。到了东汉末年，卖官便愈加泛滥起来。各类官职明码实价，买官的人可以估价投标，出资多者即可中标上任。而买官的人，往往出身于豪门旺族，谁出资多谁就可以买到官职的情形愈演愈烈，曹操的父亲曹嵩的官就是花钱买的。

到了清代，卖官又换了一种新的说法，叫“捐纳”。只要肯于花银子，就可以捐到相应的官职，甚至可以捐到阶品高于知府的道员。康熙年间，在平定三藩之乱的特定历史时期，由于军费严重不足，朝廷便捐纳卖官，实行了三年，当时买做知县的就高达几百人。

自古以来，历朝历代都有买官卖官的，官职一旦可以买卖，就能够产生价值，有市即有价，这似乎也合乎商品等价交换的原则。但有一点须明白：凡是用钱买来的官，他总是想收回成本的。

文学之幸事

成功的政治家很容易兼职做一做文人，历史上这样的例子很多，譬如曹操和王安石。两人都身居相位，既会治国，又能著文，行政和文学两手都来得硬，也都给后世留下了思想和文字。

在政治上失意，而在文学上有所成就者，也不乏其人，唐有柳河东，宋有苏东坡。

真正的文学家不一定是很称职的政治家。人各有禀赋和际遇，成就也因此在不同领域得以体现。唐不能没有柳宗元，宋不能没有苏轼。没有此二人，唐宋文学便要失去许多光彩。而恰恰是，柳宗元和苏轼搞政治却是一团糟，可以说既郁闷又不如意，远不及做文人来得潇洒和畅快。虽然他们热衷于仕途，但当官并没有使他们多开心。有幸的是，柳宗元和苏轼都没有在官场陷得太深，以至于远离文学，而仍然视文学如生命，不乏为文学真人，大家。

柳宗元被贬柳州后，即有所彻悟，因而他的文字多借题发挥，含蓄隽永，寓意深刻。

苏轼性情豪放，诗文也激越奔放，对政治上的沉浮，既看得开，又能主动去适应环境，并随时开导娱乐自己，写诗、作画、参禅，几不耽误，自养身心，自得其乐，终成一代大家。

柳宗元和苏轼都没有被角色所累赘，仕途上失意，却在文学上找回了自己。他们的这种失意，恰恰是文学上的大幸。

古人也懂炒作

《摭言》记载：牛僧孺刚中进士的时候，名声并不响，于是想来想想去，就拿自己的文章向韩愈、皇甫湜请教。韩愈、皇甫湜读了他的文章，都称赞写得好。牛僧孺趁机说起了自己的困窘。韩愈笑了，就对他说：你在城外租一间屋子居住，某日你躲出去一天，不到天晚别回来，其他别的你都不用管。

到了约定的那一天，韩愈与皇甫湜，一起去造访牛僧孺。牛僧孺自然不在家，于是韩愈便提笔在他的门上写了几个字："韩愈皇甫湜同访学士不遇。"

第二天，这事传遍了京师，牛僧孺的名气陡然响亮起来。

看来，不但今人善于炒作，古人也尤为懂得炒作。凡事讨个巧，弄个名声，古已有之，就连后来一生清正廉明的大唐宰相也未能免俗。

一种“虚数”文化

中国古人说事多爱用“虚数”，不精于计算，动辄就“八十万大军”，就“三千尺”，就“四万八千丈”，说的都是“虚数”，这是过于夸张，千万不太能当真。最典型的莫过于孔子的“三千弟子，七十二贤人”。“三千弟子”肯定是泛指。春秋末期，孔子周游列国，当面聆听过他教诲或学术报告的，加在一起也不一定有这么大的数。那时有文化的人才几个？何况孔老夫子也不是什么人都收作弟子的，当弟子要有见面礼的，起码要备上一只火腿。至于“七十二贤人”，在《论语》里面，有名有姓的，也就是：有若、仲由（子路）、曾参、子夏（卜商）、子禽（陈亢）、子贡（端木赐）、樊迟（樊须）、子游（言偃）、颜回（颜渊）、子张（颛孙师）、冉有（冉求）、宰我（宰予）、公冶长（子长）、南容（南宫适）、子贱（宓不齐）、冉雍

(仲弓)、漆雕开（子若)、公西华（子华)、申棖、闵子骞、冉耕（伯牛)、巫马期（巫马施)、琴牢（子开)、柴高（子羔)、颜路（季路)、澹台灭明（子羽)、曾皙（曾点)、司马牛（子牛)、原宪（子思）诸人。《史记·孔子弟子列传》和《孔子家语》里面的记载加在一起又多于七十二人，而很多人是无从考证的。

说事大归齐，统计大归齐，是中国文化的一贯传统。似是而非，模棱两可，让人摸不清底细，说大不说小，有骆驼不说牛。惯于这样的思维方式和“大估景”说事模式，往往只求声势，不求实事，并且这种思维方式和行为模式，一直延续至今。人们说话做事习惯于“假、大、空”，不能说与此毫无关系。无论做什么、说什么，避实就虚固然重要，“虚”过了头，缺少支撑的“花架子”迟早会坍塌的。

筑墙的启示

《唐语林》里记载过这样一件事：中书郎郭子仪家修府第。一天，郭子仪无事到工地巡视，顺便带点监工的意思，把把质量关。郭子仪看见一帮匠人正在筑墙，就说："把墙筑得坚固一些，拜托大家了！"筑墙的工匠们看了看郭子仪，放下工具，对他说："这十几年，京城达官贵人的墙大多都是我们筑的，没见墙垮墙塌，倒是房屋的主人换了一茬又一茬。"郭子仪听后幡然省悟，便上表朝廷请求告老归田。郭子仪真明智。铁打的营盘流水的兵，铁打的衙门流水的官，房子还是那座房子，旧人却换成了新人。往往，古人看明白的事，后人却经常犯糊涂。

土崩瓦解

“土崩瓦解”，的意思是说，像土一样轰塌，像瓦一样碎裂，比喻彻底垮台。

其实“土崩”和“瓦解”是两个词，两个意思，不完全是一回事。西汉人徐乐认为，“天下之患，在土崩，不在瓦解。“土崩”之“土”，在民而不在主，在下而不在上，在俗而不在政。拿历史说事，晚明思想家王夫之认为，所谓“土崩”是指中央政府突然不行了，而地方势力仍然继续存在；所谓“瓦解”则是中央政府完好无损，而地方却一点点地解体。历史上的新莽朝、曹魏朝、两晋朝、北宋朝属于“土崩”；历史上的东汉朝、大唐朝、大明朝属于“瓦解”。

文章高手

作为“初唐四杰”之一的王勃，很擅长写文章，他才思敏捷，滕王阁上即兴而赋留下千古名篇，二十几岁时就名满天下，成为一流的文章高手。王勃不但文辞华丽，而且写得也快，经常一挥而就，请他代笔写各种文章的人很多，因此，他年纪轻轻就赚有许多润笔费，足够他日常的生活消费。

作为“唐宋八大家”之一的韩愈更是文章高手，韩愈的文字流畅明快，笔力雄健，并富有哲理，很多人找他写歌功颂德的文字。历史上的很多墓志铭就出自他的手笔，比如《柳子厚墓志铭》。韩愈挣“稿费”最多的一次，就是那篇《平淮西碑》。唐宪宗李纯将刻有《平淮西碑》的一块石碑赏赐给他的爱将韩弘，这可是天大的荣耀啊，高兴之余，韩弘就慷慨地赠送韩愈五百匹绢，按当时价格可折合约二十万钱的稿费。

唐朝的遗憾

唐朝，史称盛唐。在文学、史学、宗教诸领域，都产生过宗师一级人物：文学家有韩愈、柳宗元、李白、杜甫、白居易等；史学家有刘知几、杜佑等；宗教高僧有玄奘、神秀、慧能、法藏等。

然而，唐代没产生过一流的思想家和哲学家。

唐代的哲学建树不如先秦、两汉和宋明；文学理论建树不如魏晋南北朝。韩愈、柳宗元和刘禹锡诸人，从严格意义上说，都不够大思想家和大哲学家，他们没的形成自己的理论体系，也没有完整的个人“学说”，不像宋明时期的周敦颐、“二程”、朱熹和王阳明。

鼎盛是人的中年，是路走到了极致。仿佛站在高山之巅，呼吸不畅，四肢发软，腿不像登山时那么有力，步幅也短了，只要一抬脚，再走下去就是下坡路。中晚唐便是这样。

苦难产生文学；动荡生衍宗教；理性诱发哲学。哲学发达了，科学也就发达。大凡兴盛年代，官家乐于修史，乐于歌功颂德，乐于故步自封。民间乐于搞文字游戏，乐于接受现成的宗教。独立思考少了，思想也就少了。

哲学作为超越时代的思想和方法，或者左右着时人的生产生活方式，或者与时代格格不入。

诗文之谜

“青山隐隐水迢迢，秋尽江南草未凋。二十四桥明月夜，玉人何处教吹箫。”这里的“二十四桥”，是指一座桥，还是二十四座桥？是指一座桥的编号，还是泛指一些桥？

自古就有人考证这二十四桥是：浊河桥、茶园桥、大明桥、九曲桥、下马桥、作坊桥、洗马桥、南桥、阿师桥、周家桥、小市桥、广济桥、新桥、开明桥、顾家桥、通明桥、太平桥、利国桥、万岁桥、青园桥、驿桥、参佐桥、山光桥、上马桥等，各自圆其说，又一直无定论。

“红豆生南国，春来发几枝。劝君多采撷，此物最相思。”是春来发几枝，还是秋来发几枝？把季节弄错了，可不是儿戏。

“清明时节雨纷纷，路上行人欲断魂。借问酒家何处有，牧童遥指杏花村。”这里的杏花村，有人说在山西汾阳，有人说在安徽贵池，有人说在江苏丰县，也有人说根本就是子虚乌有。

还有，赤壁在什么地方，以至“武赤壁”（周郎赤壁）和“文赤壁”（东坡赤壁）等等。

古人给后人留下了文化，留下了史迹，也给后人留下了麻烦。其实尘埃落定无关紧要，要紧的是今人别再让后人猜谜。

“夜惊”一场

一些已经远去的词汇，在今天读起来有些陌生，但并不等于没有启示意义，它们可以告知人们一段历史，一个过程，一种存在。

现在很少有人知道“夜惊”是怎么一回事，似乎和我们不着边际，离我们的生活很远。“夜惊”，说的是发生在军营中的一场特有的“暴动”形式，战乱年代就时有发生。由于连年的争战，使士兵们的心理，变得失去理性，甚至脆弱得不堪一击。白天里，他们整天都是在极度惶恐中度过的，即便夜晚睡觉时，也保持这种高度紧张的状态。正当夜深人静时，不知哪一位熟睡的士兵，突然在梦里一声喊叫，其他士兵便一跃而起，手执刀枪，相互厮杀起来，简直无法制止。唯一的办法是使他们清醒，或者等他们自动清醒。待他们清醒后，死的已死，伤的已伤，活下来的人才发现他们做了什么事，军营上下笼罩在一片哀恸和恐怖之中。史书记载，东汉末年，董卓以后，凉州兵团牛辅的军营就发生过“夜惊”，尽管牛辅当时属于胜利一方。

近现代战争中没发现“夜惊”的记述，但我想应该会有的。精神高度紧张，什么事情都可能发生。但愿“夜惊”一场，永远成为史书中的记载，不要出现在我们“类似”的生活中。

吃喝有禁忌

喝茶，自古以来就是国人的一种生活习惯，和油盐酱醋一样，每天都不可缺少，平常得不能再平常。至于喝茶喝成所谓文化，那是后来的事。在金朝时，普通人喝茶是严令禁止的。金章宗完颜璟曾颁发诏令：规定只有七品以上官员及其家属才可以喝茶，而且仅限于自食自用。严禁倒卖或赠予他人，如存有私茶，一经被察觉，即按查获实物的斤两定罪。金朝之所以这么做，其主要原因是对宋进行经济抵制。金朝立国北方，因地理环境所限，境内几乎很少产茶，由于当时受宋影响，喝茶的风气却一天比一天盛行。而茶的来源，仅靠宋按协议规定的那点份额远远不够供应。于是商贩们就纷纷越境购买宋的高价茶，或用其他东西换取。金朝政府认为这样会“费国用而资敌”。另外，也由于金朝当权者认识不到茶的保健作用，认为以物换茶是“以有用之物易无用之物”，所以必须厉行禁止。

不光喝茶，就连吃鱼，吃什么鱼，也是有禁忌的。唐人段成式的《酉阳杂俎》和宋人钱易的《南部新书》里，对吃鲤鱼即有着共同的记载。唐时有一种习俗，任何人都不许吃食鲤鱼。渔人若是捕捞到鲤鱼，要立即放回水中任其游走，如若有人上市售卖，一经发现，就立即送到当地官府，按大唐律令加以惩罚。当时之所以会有这样习俗，说起来是很荒唐的：李是唐朝的国姓，“鲤”、“李”同音，也属国姓范畴。如任人捕食，就会冒犯皇家尊严，于帝室不利，于是便禁止捕食鲤鱼。

吃喝有所禁忌，在不同时代，事关文化、政治和经济，也事关国家的意识形态。

宋朝的文化太高

宋朝，可谓一个文化王朝，一个知识分子王朝。仅“唐宋八大家”宋朝就出了欧阳修、王安石、苏洵、苏轼、苏辙、曾巩六位。整个中国古代诗词，宋朝占据了差不多“半壁江山”。从皇帝到大臣，以至一般的知识分子，能诗文书画的不胜枚举。宋朝的文化太高。文化太高了，骨头多酥软。一旦天下有难，靠这些文化人恐怕是不行的，他们擅长的是在太平盛世里锦上添花。但是也有例外的，譬如北宋的范仲淹，南宋的辛弃疾。这二人就是上马能武，下马能文。一个王朝不是不需要文化，但文化不能一概软绵绵的。

文章太守

北宋王朝，是个道地的笔杆子政权，是个知识分子最得施展的年代。北宋文化展现了空前的精致化，精英化。

宋代文化的繁荣，很大程度上要归功于宋朝的文化政策和知识分子政策。宋朝的开国君主赵匡胤，鉴于晚唐及五代武人操政，新旧王室交替大都由兵变发生，他本人也是由兵变而“黄袍加身”的，为此他出台了三大治国方略：重文抑武，实行文官政治；中央集权，君主独揽朝纲；优待文臣士大夫。知识分子在宋朝的待遇，着实比其他朝代好得多。

“文章太守”，指的是那些从事行政卓有政绩，作文章堪称一流的文学家。欧阳修、王安石、苏轼、苏辙、曾巩，都可说是“文章太守”至尊。

历朝历代，文人的显赫在官而不在文，但在宋代，文人的显赫在官也在文，而且以文优先。虽说欧阳修官至参政，王安石官至宰相，苏轼官至礼部尚书兼端明殿学士和翰林侍读学士，苏辙官至门下侍郎，曾巩官至中书舍人，但更有欧阳修文坛巨擘、史学大家，苏轼文垂万世，英名千古，曾巩一代文豪，两代清官称誉。

“文章太守”作为一定历史条件下的文化现象，既可以去效法，也要认真加以反思，行政文化与文化行政糅合得好，即代表一种先进文化；糅合得不好，便可使社会拘泥在一种是与不是之中。

立言不朽

古人视立德、立功、立言为三不朽。

立言者不但自身不朽，还能连带其他的物和人也随之不朽。没有范仲淹写《岳阳楼记》，有谁记得住滕子京？苏东坡不也因《赤壁赋》活生生地造出来个“赤壁”吗？同样，因《庄子》，今人知道了惠施是怎样的一个人物。名人可以使不知名的物和人成为尽人皆知的名物名人，立言可谓第一不朽。

立言留下了文化的根，也留下了文化的垃圾。

以心造境

范仲淹是北宋时期的政治家，同时又是文学家。据考证，范仲淹没有去过岳阳楼，滕子京重修岳阳楼竣工，请他作序，他还在别的地方呢。没有去过岳阳楼而写《岳阳楼记》，并成千古名篇，可堪称一奇，一绝。文中“衔远山，吞长江，浩浩汤汤，横无际涯”，只是范仲淹的想象，只是他心中的风景。谁读了此文能说岳阳楼不是这样呢？范仲淹少时居住苏州吴县，太湖不过近在咫尺，他写洞庭湖的景色，可能是受了太湖景色的启发。一位画家不去黄山，他一定画不出黄山来，但一位散文家的情况就不同了，他可以根据收集来的资料，写出没有亲眼见的景色。中外文学家笔下的大海和草原，不少就是这么写出来的。

文学和艺术讲究的是以心造境。

宋朝人才

在中国历史上，宋朝的人才应该是最多的，无论是政治上、文学上、艺术上，还是科学上。人才众多，国力就强么？不见得。北宋一朝，被列为名臣有吕夷简、范仲淹、鲁宗道、薛奎、蔡齐、陈尧佐、韩亿、杜衍、庞籍、吴育、王尧臣、包拯、范祥、孔道辅、余靖、胡宿、田况、王素、韩琦、富弼、文彦博、种世衡、狄青、王德用等；而活跃在神宗、哲宗、徽宗前期的就有吴奎、张广平、唐介、吕诲、范镇、曾公亮、王安石、司马光、吕公著、吕公弼、吕大防、吕惠卿、曾布、韩绛、韩维、韩忠彦、傅尧俞、范纯仁、范纯礼、刘挚、王岩叟等。不仅如此，还有：文学艺术上的张先、柳永、晏殊、宋庠、宋祁、尹洙、梅尧臣、苏舜钦、苏洵、欧阳修、蔡襄、燕文贵、武宗元、许道宁、易元吉、文同、郭熙、王冼、曾巩、王令、苏轼、苏辙、黄庭坚等；思想学术上的胡瑗、孙复、石介、张载、邵雍、周敦颐、程颐、程颢、吕大临、范祖禹、刘恕等；科学技术上的王惟一、钱乙、燕穆、毕昇、沈括、贾宪、苏颂等。还有一个不争的事实：赵宋王朝一直处于半壁江山。

北宋人才，数不枚数；北宋缺的不是人才，而是钙质。“北宋缺将，南宋缺相”。这是后人的看法。文官政治，对于发展经济、繁荣文化，有着特别的作用，譬如制度建设、广开言路，发扬民主等等。然而，当一个国家或政权一旦骨质疏松，人才过于向着自我设计的方向发展，并丧失了理想和信念，事到临头，人才也就多为劈柴。

德才说

阅读《资治通鉴》发现，司马光的人才观合情合理而悖实际。

这个理是：“才德全尽谓之圣人，才德兼亡谓之愚人；德胜才谓之君子；才胜德谓之小人。”

其足够的论据为：“君子挟才以为善，小人挟才以为恶。挟才以为善者，善无不至矣；挟才以为恶者，恶无不至矣。愚者虽欲为不善，智不能周，力不能胜，譬如乳狗搏人，人得而制之。小人智足以遂其奸，勇足以决其暴，是虎而添翼者也，其为害岂不多哉!”

清人张潮著《幽梦影》中也有类似观点：“无善无恶是圣人，善多恶少是贤者，善少恶多是庸人，有恶无善是小人，有善无恶是仙佛。”

无论司马光，还是康熙才子，都把圣人列为第一等，君子列为第二等，愚人列为第三等，小人列为最末等。司马光宁要既无德无才的人，也不要才胜于德的人。早在孔子，曾以德行、言语、政事、文学四科为弟子分类，德行为四科之首。立德、立功、立言为“三不朽”，首先是立德。今人也讲德、才、学、识与真、善、美。自古及今，都强调德重于识和才。

识德与用才，古人、今人都有误区。德才应该并举并重，识在其中。有德无才，有才无识，都不足取。用干部德才兼备为上，才高德疏次元，德高才疏再次元，无德无才更次元。庸碌者为官，其害大于无德。德、才、学、识，缺一都有失境界。

女人政治

中国皇帝多寿命短，而后宫女人却都活得长。一次次的改革也好，变法也好，皇帝死后常常被后宫里的女人给改变了回来。一朝天子一朝臣，一朝女人也是一朝臣。这样就难为了朝臣——法码向哪一边倾斜？很多人从中受益，很多人付出了代价。北宋末年，神宗倒是较为开明，可神宗死后，哲宗年幼，由其祖母高太后听政。高太后启用“旧党”人物司马光主政，废除新法，排斥“新党”。没过多少年，哲宗又死了，徽宗继位，蔡京掌权。蔡京为打击元老派势力，借恢复王安石新法之名，把司马光、苏轼等为首的三百余人定为“元祐奸党”。历史就这样在北宋来了个小循环。

有妓无妓

有一次，二程（程颢、程颐）兄弟一同去赴宴，席间有妓。程颐拂袖而去，程颢则视而不见，尽情欢宴。

事后，程颐怒气仍难抚平，程颢却这样对他说道："当时我在那里尽宴，席间有妓，心中却无妓；而你在吃饭，饭中本无妓，心中却有妓。"程颐听了这番话，感到既钦佩又惭愧。

有妓无妓，就像两个和尚听经时看见杆上的幡被风刮起，不是风动，而是心动。

只要心不动，即是无妓，有也是无。

在宋朝做官

宋朝的官是好做的：进身机会多，社会经济发达，皇帝不杀文臣；宋朝的官是不好做的：宋朝的官多，官多患就多，猜疑也多，皇帝搞不清是非，为官迁了贬，贬了迁是常事。在宋朝为官，多数人都适应了这种环境。

其实，任何一个朝代的官都是有好做的，有不好做的，权且在个人如何去作为。有这样一个不争的事实：官好做的时候，社会一定是在走下坡的；官不好做的时候，社会一定是在走上坡的。大到一个朝代，小到一个局部都是如此。

中国文人不纯粹

中国文人从来就不纯粹。中国文人人生的终极目标就是为了做官，只有做官才能实现自己的理想和抱负。所以，中国文人做了官就崇信孔孟，就“修”、“齐”、“治”、“平”——修身齐家治国平天下。做不上官就崇信老庄，就“顺其自然”、“无为而治”、“有所不为有所为”。

儒家文化不是被信仰的，是工具，是敲门砖，是为求官用的。在中国历史上，“学而优则仕”的文人居多，为“艺术而艺术”的文人居少。中国文人不纯粹，历来如此。

不怕以权谋私

历史上的一些统治者（皇上）常常有这样一种担心：不怕臣下以权谋私，就怕他们对物欲不感兴趣。如果那样的话，他老人家反而劝你要想开些，好好地享受一下人间美好的生活。

靠“黄袍加身”而登帝位的赵匡胤，为了防止故戏重演，自己也导演了一出“杯酒释兵权”的把戏。他对那些曾经和他一起打天下的故臣旧部说，人生如白驹过隙，转瞬即逝，你们为什么不多聚些钱财，广置些田产传给子孙，自己也好颐养天年啊。听了这些话，故臣旧部们便叩头谢恩，感谢皇帝的“指点”，纷纷称病请求解除兵权。赵匡胤演戏般地“顺从”了众臣的辞呈，并一一厚赏了大家，皆大欢喜。

为了皇权（这比什么都重要），统治者（皇上）倒是希望

臣子们的注意力多在物欲方面，以转移对权位的贪恋。历史上贪官为什么这么多，清官为什么又大多不得善终，其“解”也在这里。

圈阅文件

圈阅文件，就是看过文件后，签署上自己的姓氏或字，然后在上面画个圈儿，表示已阅过。早在三国时期，就有在文牍契约上签字署名的风气，圈阅文件也称“画押”。到了唐宋时期，臣僚们在进呈公文或传阅书牍时，逐渐改变了过去署全名的做法，只书写上自己的字，表示“阅过”。王安石任参知政事后，每天都要接触大量呈文，按照惯例，每次阅过文牍，王安石都要写上一个“石”字。由于文牍多，他又是急性子，且不太注意书写规范，因此这个“石”字在写了一横一撇后下面的“口”字干脆画成个圆圈儿。据史书记载，他画圈儿多不圆，呈窝扁形并一带而过，因此给其他人造成诸多麻烦。有时候，经他阅过的文牍，因为误会，往往辗转一圈又传了回来。为了避免这种情况，在一次议政会前，王安石声明了自己“阅毕”符号即一横一撇加一个圆圈儿。事隔不久，他又索性去掉了横撇，仅仅保留了那个圆圈儿。时间一长，其他同僚竟纷纷仿效，久而久之画圆圈儿便演变成了“阅毕”文件的特殊符号了。

中国人习惯画圈儿，圈儿是圆的，圆是一种通融和润滑，圆没有角，圆不易伤人，也不易自伤。理是方的，情是圆的，没有方，世界便没有秩序，便失去约束；没有圆，世界的负荷太重，便不能自理。方圆相济，世界才和谐。圈阅文件是这样，历史给人的启示也是这样。

“士”说

中国古代的“士”，给他们定位为文化人、知识分子、忠贞之士，都有些随意。

如果把“士为知已者死”这句话理解为“士”知恩图报，看似这样。东汉末年，诸葛亮隐居隆中，躬耕陇亩，“苟全性命于乱世，不求闻达于诸侯。”然而，当急于求贤纳士的刘备三顾茅庐登门求助时，谦恭和诚信感动并征服了淡泊名利的诸葛亮，为报知遇之恩，他鞠躬尽瘁，死而后已。

如果把“士可杀，不可辱”这句话理解为“士”的独立人格，就不是这样。因为“士”在封建社会，既为工具，又为奴才，就既可杀，又可辱。主人可以让你活得体面，也可以让你活得窝囊和憋屈。文化人和知识分子都不过是附在主子那张皮上的毛。“士”可侍，而不可“仕”。

植物文化与文化植物

竹。

先古的《弹歌》唱道："断竹、续竹、飞土、逐肉。"

宋代文学家苏轼说："食者竹笋，庇者竹瓦，载者竹筏，炊者竹薪，衣者竹皮，书者竹纸，履者竹鞋，真可谓不可一日无此君也。"又说："宁可食无肉，不可居无竹。无肉令人瘦，无竹令人俗。"

自古以来，中国的文人墨客欣赏竹的美姿、竹的品德、竹的高雅。魏晋时代，阮籍、嵇康等七人，经常聚集竹下，肆意畅饮，被称之为"竹林七贤"。唐代天宝年间，孔巢父、李白等六人，在竹溪结社，流连诗酒，被称之为"竹溪六逸"。

竹虚心而有节，竹飘逸而自然，竹的风采即是高尚、脱俗的人格化身。

橘。

战国诗人屈原在《离骚》里吟道："后皇嘉树，橘来服兮，受命不变，生南国兮。"

唐代诗人李绅在《橘圃》里写道："江城雾敛轻霜草，园橘千株欲变金。朱实摘时天路近，素云飘处海云深。惧同枳棘愁迁徙，每抱馨香委照临。怜尔结根宜自保，不因寒暑换贞心。"

橘的品格表现为：不与其他物种为伍，不因寒暑而改变贞洁。然而，橘生淮南则为橘，生于淮北则为枳。

杏。

李商隐诗云："日日春光斗日光，山城斜路杏花香。"

叶绍翁诗云："春色满园关不住，一枝红杏出墙来。"

陆放翁诗云："小楼一夜听风雨，深巷明朝卖杏花。"

不难看出，杏是春天、春雨、江南景色的文化符号。

莲。

屈原写过这样两句诗："制荷以为衣兮，集芙蓉以为裳。"

周敦颐在《爱莲说》里写道："予独爱莲之出淤泥而不染，濯清涟而不妖，中通外直，不蔓不枝，香远溢清，亭亭净植，可远观而不可亵玩焉。"

菩萨为什么要坐在莲花之上？佛经里的说法是，只要凡尘里有一人念佛，池里就长出一朵莲花，念佛的人越多，莲花就长得越多，念佛的人念得越好，莲花就长得越好，佛才拈花微笑。

莲的精神象征是洁，是净，是气节。

桃。

《山海经》里记载："夸父与日逐走，入日。渴欲得饮，饮于渭河。渭河不足，北饮大泽。未至，道渴而死。弃其杖，化为邓（桃）林。"

陶渊明在《桃花源记》中写道："晋太原中，武陵人捕鱼为业，缘溪行，忘路之远近。忽逢桃花源，夹岸数百步，中无杂树。芳草鲜美，落英缤纷。"

王安石在《元日》诗中写道："爆竹声中一岁除，春风送暖入屠苏。千门万户曈曈日，总把新桃换旧符。"

中国作为桃的故乡，无论是陶渊明笔下的桃花源，还是民俗里以种桃树、写桃符求平安，无不为桃赋予一种丰富的文化内涵。桃文化最鲜明的特色为：吃桃、种桃、敬桃、写桃、画桃，以表示对美好事物的向往。

洞见之明

洞明即为学问，洞见即为方法。

孔孟作为设计者，设计了理想社会的程式，设计了修身处世的程式，设计了人伦道德的程式；老庄作为回头者，回归自然，回归原始，回归无为无我。

设计者也好，回头者也好，其中不乏为一种方法上的洞见。

俄罗斯大作家果戈里写过一篇小说，小说的天头，写的是父亲和儿子之间的格斗较量。父亲的心态是，希望儿子在格斗中能够战胜自已，超过自已。这一情节展示了果戈里博大的胸怀，他知道只有一代人比一代人强，俄罗斯才有希望，这其中不乏为一种文学上的洞见。

宋代金石家赵明诚，是女词人李清照的丈夫，也是一个才华横溢之人。当初赵明诚对李清照的才华颇有些不服气，便闭门谢客，一口气写了五十阕《醉花阴》，然后夹杂在李清照的词中，让人从中比较选优。结果明眼人一看，只选出三句绝佳："莫道不消魂，帘卷西风，人比黄花瘦。"而这三句，恰恰是李清照写的，这其中不乏为一种鉴赏上的洞见。

洞见即为一种制作上的功夫；即为善于发现那些不同时期、不同民族、不同系统中不易看见的事物；即为一种视野之明、眼力之明、方法之明。

辽朝的体制

早在宋辽对峙并存的那个年代，辽朝实行过北面制和南面制，或者叫做“辽制”和“汉制”。

北面制主要有：大于越府、北南枢密院、北南宰相府、北南大王院、北南宣徽院等。大于越府，设于越，位居百官之上，为契丹最尊之官，是个象征性的职位，整个辽代三世仅授予耶律氏三人；北南枢密院，为辽朝最高行政机关，各设枢密使为长官，分掌契丹的军政和民政；北南宰相府，分别以后族与皇族为北府宰相和南府宰相，佐理军国大政；北南大王院，设北南院大王，分掌契丹各部族的军政；北南宣徽院，各设宣徽使为长官，职掌略同工部。

南面制主要有：枢密院、尚书省、中书省、门下省、御史台和翰林院等。枢密院，以枢密使为长官，掌管汉人兵马之事；尚书省，设上书令、左右仆射、左右丞、左右侍郎及六部，主管赋税财政；中书省设中书门下平章事、参知政事，管理汉人官民的一般政务；门下省，设侍中、常侍，有名无实的机构；御史台，设御史大夫、御史中丞等，名义上监察百官，但形同虚设。

这种体制形式，在制度建设上作为一种明智之举，可圈，可点，可鉴。

避讳作为中国特色

中国历史上一些朝代有太多的忌讳，忌讳多了，就要变着法子回避掉，就会束缚手脚，以至于影响国家的发展思路，成为肌体上的一个痼疾。这种避讳，作为一种酸腐的文化现象，给人们的日常生活带来了诸多不便，也造成文化上的混乱。

在秦，秦始皇因为父亲庄襄王名楚，所以称楚为荆。秦始皇名嬴政，正月只能称作一月。

在汉，邦字改用国，避高祖刘邦讳；盈字改用满，避惠帝刘盈讳；彻字改用通，避武帝刘彻讳；启字改用开，避景帝刘启讳，以至将地名启封改作开封。

在唐，太宗李世民在位的时候还好，只避他名字中的一个字就行，或世或民，所以六部还有民部（户部），不避民字。柳宗元在《捕蛇者说》将所谓民风改用人风，世字照用。唐人避家中名讳是很严格的，严格得有些不讲道理。李贺应进士科考，就有人说他不能参加，理由是他的父亲叫晋肃，晋和进同音，李贺就此罢了，不敢应试。

在宋，皇家的庙号共有五十个字，宋人聪明，用改字、缺笔、空字、用黄纸覆盖等方法避讳。秦观《踏莎行》原句“杜鹃声里斜阳树”，为避宋英宗赵曙名讳，“曙”和“树”同音，于是便改为“杜鹃声里斜阳暮”，不成意思。苏轼祖名序，为人写序文，都改成“叙”，又以为不妥，改用“引”，还算没有破坏文意。

会计应该是一种监督机制

如今，人们将监督和管理财务工作的人称作“会计”。有单位，即有会计。

实际上，“会计”是分“会”和“计”的，“会”指的总的计算，“计”指的是小规模计算，“会”和“计”合在一起，就是计算所有、计算一切的意思。

“会计”一词最早见于《史记·夏本纪》：“禹会诸侯江南，计功而崩，因葬焉，命曰会稽。会稽者，会计也。”意思是，大禹晚年曾在绍兴评估“诸侯”，审计他们的功绩。这个行动说是“会稽”（会计），于是绍兴史称会稽。

到了汉代，政府专门设置了管理会计事务的官职，计算审核财务过程及收支情况，加大这方面的力度。由此，会计这个职务才算正式确定下来。

看来，古人早就认识到了计算和审计财务的重要性，做什么事情，缺少了监督，就难免让一些人产生非分之想，做出非法之举。

名人的后人改姓

秦桧是历史上的大奸臣，投降派，秦桧死后，他的嫡系子孙不好意思姓秦，改成了“徐”姓。因秦字头上是“三人”，徐字左边虽“双人”，上面还有“一人”，下面都是“禾”字。虽说祖宗不争气，遭人唾骂，以“徐”代“秦”，以示没忘根本。

司马迁是伟大的历史学家，因在李陵事件上说了真话，得罪了汉武帝，被处以宫刑。为了志向，司马迁忍辱完成了《史记》的著述。司马迁死后，他的后人也改了姓：将“司马”一分为二，大儿子一支改姓“同”，二儿子一支改姓“冯”。其意思是：司字加一竖为同，马字加两滴水为冯，害怕再受迫害。

韩信的后人改姓为“韦”，取韩字的另一半儿为姓。从此隐姓埋名，为的是避害。

历史上像这样的事，不止秦桧、司马迁、韩信三位名人，还有。

市侩行为

这个人“市侩”，是说这个人是一个贪图私利的人，一个庸俗圆滑的人。“市侩”原指买卖的中间人，相当于现在的中介和经纪人。历史上，市侩又称牙侩和牙人。“市”是买卖的意思，“侩”是以拉拢买卖从中取利为职业的人。

市侩始于民间。民间市侩对经济的发展起到了激活和促进作用。在宋代，民间市侩的活动已被社会广为接受。市侩的存在和活跃，给朝廷执政思路带来了启示，一些专门从事为地方政府和朝廷经济服务的行为就此而形成。王安石变法时，颁有市易法，用以打破富贾们的市场垄断，平抑物价，获取商业利润。而市易法即由政府招募来的牙人“市易务”来执行，这些以工代干的事业人员即为最早的官办市侩。

市侩客观上便利了商品经济的发展，但他们仅以逐利为目的，并经常做违法之事，所以朝廷在对市侩认可的同时又加以限制。宋朝对商人有相当程度的认可，而对市侩却存有一定的偏见，把他们从事的工作看作是不名誉的职业。

至古及今，谁也不能否认市侩在促进经济流通中的润滑作用，尤其是在市场经济充分发展的今天，许多经济行为本身就是一种“市侩”。

小官监督大官

明初，承前代制度，对应吏、户、礼、兵、刑、工六部，设立了六科给事中，辅助皇上处理奏章，稽查六部事务，享有“科抄”、“科参”及“注销”之权，督办皇上交办的事务。

六科设置的最初目的，是为疏通信息，对口管理。另外还有一层意思，就是用小官监督大官。六部的首长，尚书是部长级干部，正二品，左右侍郎为副部长级，正三品，而都给事中才正七品，左右给事中和给事中都是从七品。别看这些给事中们官职不高，但他们却有自己的“特权”，凡官职上带“中”的，是可以进宫见皇上参本的，还可以参与朝廷大政方针的制定，并进行监督执行。所以，六部长官在给事中面前是不敢太造次的。科，相当于国务院内部设置的各办公室。用小官监督大官，是不得以而为之，又实为一种较为奏效的监督机制。

为民也要守“规矩”

唐宋元明清，自唐开始，五大朝代，老百姓建房子是有规定的：多高就是多高，决不能超标；还规定不准用红，不准用绿，不准用金，不准用银，不准用琉璃，不准用玉石。所以，老百姓的房子大多是粉墙黑瓦，最多用个深颜色。这就是规矩，这就是等级，这也是不讲理。谁越了制就是犯律，就要受到惩罚。

不仅如此，明朝的洪武皇帝朱元璋，还对全国各阶层人士的饮食、服饰、房屋样式、器用规格等都做了详细规定。他规定了各种官员的服装图案，庶人只能戴四方平定巾，穿杂色盘领衣。农民可以穿绸、纱、绢、布，而商人却不可以穿绸、纱，只能穿绢、布，以体现朝廷重农轻商精神。农民可以戴斗笠、蒲笠入市，其他人则绝对不行。

这些“规矩”看似礼仪，而实则把人分成等次，不能越矩，永远做一名“顺民”下去。这才是问题的根本所在。

读书人的体力活儿

自古以来，知识分子不光整天读书，写文章，时不时还须参与一些体力性的劳动，譬如晒书。尤其是在江南，读书人藏书一般是有专门房间的，线装书的纸张都很薄，而且都是折叠着装订的，一函函地平摆在书架上。由于江南地方水气重，雨季书受潮容易发霉，糟烂，一年之中不得不把书拿出晾晒几日，以保持书的寿命。这还真是一个体力活儿，仅把书折腾一遍，费时不说，还费力。但这种体力活儿，读书人是乐意做的：在暖暖的日头下，这一搬一翻一晒，既舒松了筋骨，又乐在其中。

文人词汇

中国历史上有太多关于文人的词汇：编撰、杀青、付梓、结集、注释、校雠、文采、风骚、行吟、唱和、感怀、雄辩、检藏、曝书、私淑、传承、知音、神交、绝交、雅正、愁怅、佯狂、逍遥、宦游、把酒、登临、凭栏、吊古、自况、隐居、卧游、劳形、聊赠……

中国文人词汇，多是从外向内走的，杯水波澜，小情小景，多情绪化，缺少构建和大器。

狂狷人生

“狂者进取，狷者有所不为也。”这是孔子在《论语》里的一句话。意即：狂简谓急于进取而流于疏阔，致行事而不切合实际，即“志大而略于事”；狷介谓洁身自好，不肯同流合污。

狂狷人生，作为中国传统文人理想的放逐，或者表现为一种进取，或者表现为一种无为；或者从自我通向社会，或者从社会退回自然。狂者进取，狷者有所不为，都是作为一种人生范式来展现给世人的。

狂者进取，譬如孔丘、韩非、屈原、辛弃疾、王阳明……狷者有所不为，譬如庄周、陶渊明、嵇康、阮籍、柳永……进取人生的人文理想是建功立业，无为人生的人文理想是抚慰与放逐。狂者多有理想，狷者多有准则；狂者多放眼重大之事，狷者多在意切近之事；狂者知道自己要做什么，狷者清楚自己不能做什么；狂者因为有理想，可以做自己不情愿之事，狷者因为理想渺茫，竭尽做好小事情。

狂狷，一种作为形而上之理想，一种作为形而上之道，无不用各自的方式来实现自己的人生价值。

阉割变性

这里的阉割是比喻抽掉文章或理论的主要内容，使失去作用或改变实质。

拿做官来说事，“仕而优则学，学而优则仕。”这句话出自《论语·子张》，意思是说，做官有了余力，还要不断地学习，以求更好；学习有了余力，就去做官，以求更好地推行仁道。此语经常被阉割掉前面的一半儿，剩下来只是“学而优则仕，”——读书好了可以做官。

“天下最容易的事儿是做官”，这句话出自深谙官场游戏规则的李鸿章之口，可见是经验之谈，阅历之谈。而实际上这话还有另一半儿：“天下最不容易的事儿也是做官。”可见，无论什么东西，一旦被阉割，剩余下的部分极易被曲解。所以，把握思想体系胜过微言大意，那些精彩语录的背后，肯定还有另外一层意思，甚至意思完全相反。

阉割可以变性，不能再拿被阉割了的东西出手示人了。

去了“势”

宦官与太监，都是宫中的阉人。阉即去了“势”。

宦官是东汉以后定名的，以前称寺人。宦官大多是幼年入宫的，对皇帝唯命是从，俯首贴耳。因宦官接近皇上，他们中的一些人权势很大，譬如秦朝的赵高，东汉末年的十常侍，再后来的刘瑾、魏忠贤诸如。

太监最早出现在辽代，以后各代便沿袭下来。明代朱元璋设十二监，十二监的总头目称太监。太监是宦官的上级。到了清代，宦官取消了，都称为太监。历史上的宦官与太监，在不同朝代，作用与权力是不一样的。他们一样的地方，就是都被阉了。他们当中许多人抱着一种复仇的心理，既向残害他们的专制社会复仇，也波及到许多无辜的正常人，使其成为了他们复仇的牺牲品。

历史上的宦官弄权，开始都得到皇上的支持。封建帝王深居宫中，与宦官朝夕相处，对宦官远比对大臣信任。因此，每当怀疑大臣专权，皇上就启用宦官干预朝政。宦官弄权，到了皇上也控制不了的时候，自然便产生了“宦官之祸”。

历史上有坏太监，也有好太监，就像有昏庸的帝王，也有开明的帝王一样。例如东汉的蔡伦发明了造纸术，明朝的郑和率领庞大的舰队七下西洋等，令人对宦官刮目相看。用今天的眼光看去，“祸乱”很难说是推动社会进步，还是阻滞社会进步，男人去了“势”以后，总是在不断地寻“势”，这一点倒是真的。

大写的数字

中国的数字有小写和大写两种形式。

小写的数字是：一、二、三、四、五、六、七、八、九、十、百、千。小写的数字笔画简单，好写好认。

大写的数字是：壹、贰、叁、肆、伍、陆、柒、捌、玖、拾、佰、仟。相对而言，大写数字比小写数字复杂多了。这种复杂是人为的、有意识的复杂，为复杂而复杂。

明太祖时，管钱粮的官吏见有机可乘，常常弄虚作假，随意涂改数字，为的是贪污起来更方便。见状，明太祖朱元璋干脆就下令把小写数字改成大写数字，为复杂而复杂，以防奸吏涂改账目，亏空国家，中饱私囊。这些大写的数字一时奏效，多少起到一些防范作用，因而也就一直延续到今天。无论什么事情都有这样一个理：凡是作为一种存在，即有它的合理性。

说“洗”

人是须卫生的。卫生即离不开水和洗，有水才能洗。《说文解字》里，在“水”部，依次有：“沐”、“沫”、“浴”、“澡”、“洗”五个字。这五个字都与“洗”有关系。看来不仅今人讲“洗”，古人更会“洗”。对于今人来说，“洗”不外乎是洗脸、洗脚和洗澡，而古人在“洗”上，却要细分得多。其中按《说文解字》解释：“沐”是洗头之意；“沫”是洗脸之意；“浴”是洗身之意；“澡”是洗手之意；“洗”是洗脚之意。从上到下，从头到脚，每个部位都不能混淆，各自都有其自身的意义。“一洗了之” 并不像说的那么简简单单，这也是汉字文化的独特魅力。先有卫生，才能文化。

看古人闲

晚明有位陈眉公，自称“清懒居士”，是位大名士。他在《太平清话》中写道：“凡焚香、试茶、洗砚、鼓琴、校书、候月、听雨、浇花、高卧、勘方、经行、负暄、钓鱼、对画、漱泉、支杖、礼佛、尝酒、翻经、看山、临帖、刻竹、喂鹤，右皆一人独享之乐。”这种心态与习气，这种闲情与人格，虽有雅趣，但尽是些花鸟鱼虫，尽是些琴棋书画，尽是些风花雪月，唯独缺少了一些独立思考，缺少了些忧国忧民。他的所谓“不是闲人闲不得，闲人不是等闲人”是要打些折扣的，照这样“闲”下去，国家和家国都离玩完不远了。

古人的休假

休假制度在中国由来以久。汉代时，朝廷便规定每隔五天休歇息一天，也称“五日休”。到了唐代，便实行“旬休”，即十天休歇一天。然而，在休假日里，政府办公还是要照常进行的，也就是衙署官吏须采取轮流休歇的办法。

对官吏的休假日，历代都有严格规定。唐代规定三品以上假满之日，须及时销假并到衙署报到，否则会根据情况被罚以不等的薪水。

轮到休假的人，在假日里可以自由活动。不过，古人休假通常是为了沐浴。在古文里，“沐”是洗头，“浴”是洗澡。因为古代男子都蓄发，头发长，洗一次头很费时费力。

到了清朝初年，随着西方传教士的进入，便出现了“礼拜天”这一宗教现象。辛亥革命后，开始实行七天休息一次的休假制度，正好与“礼拜”相吻合，星期天也就等同于“礼拜天”，并一直延续至今。

除休假日外，古人也有节假日。据史料记载，唐代中秋节放假三日，寒食节放假四日；明代冬至放假三日，元宵节放假十日。此外还有“急假”，即官吏用以处置应急家事。

工作需要休息，休息是为了有更充沛的精力继续工作，自古而然。

“以工代干”的人

明清时代在衙门里做事的人，有官，有僚，有吏。官就是正职，即长官；僚就是副职，即僚属；吏就是办事员，即胥吏。官和僚都是官员，由中央统一任命，因此也叫“朝廷命官”。吏则不入流，是由长官招聘来的，其身份为民，与衙役并无多少区别，不在干部系列，也没有资格被提拔为官员。也就是说，官和僚是“国家干部”，吏“以工代干”。

不过，吏的政治地位虽然不高，而政治影响却不小。因为国家事务，尤其是地方上的行政，差不多都是靠吏来处理和推行的。县官不如现管，吏是现管。为官科举及第，学问上还说得过去，但并不熟悉基层的一些人和事，也不屑于处理具体行政事务，有的根本也处理不了，大小事情的处理由此就落到了吏的手中，而吏又是这方面的专门人才。比如《红楼梦》里帮助贾雨村审理冯渊一案的门子，就是一个小吏，没有他在其中斡旋，说不定贾雨村早就丢了官帽子。这方面，官是外行，吏是内行。作为国家行政的基本细胞，吏可以影响政府这部大机器的正常运转。

礼争谁应该是爹

嘉靖皇帝朱厚熜最初是个远离京城的藩王，正德皇帝朱厚照死后没有儿子，朱厚熜入继大统。当时朱厚熜只有十五岁，还是个小青年，压根儿没想到自己能做皇帝。

朱厚熜虽年少，却是个有主见的人，不容易被他人左右。而大明朝的风气，以倔强为主流，皇帝倔强，官员倔强，文人也跟着倔强，而且都倔强得不可思议。

朱厚熜由大臣们从湖北安陆迎到北京，还没有进城，便和以宰辅杨廷和为首的朝臣发生了礼的冲突。

原来，杨廷和等人在起草遗诏以及向皇太后（武宗朱厚照的母亲）请旨迎接朱厚熜时，说的是嗣君，是来继位的。但就在朱厚熜快到北京时，在杨廷和的授意下，却安排以皇太子的礼仪迎接进城。这样一来，就使朱厚熜与死去的武宗朱厚照的辈份发生了变化，由兄变成了侄。朱厚熜对此表示极为不满，随即让人传话：遗诏是要我即皇帝位，而不是来做太子的。杨廷和也不让步：按安排好的礼仪办，皇太子的礼仪不变。

杨廷和倔强，朱厚熜更倔强。他威胁说，礼仪不变，他就不进北京城。在双方的僵持中，太后旨意下来了：从武宗去世至今，皇位已经空了一个多月，立即安排新皇上进城即位。礼争的第一个回合，以杨廷和为首的朝臣们失败了。

接着，嘉靖和以杨廷和为首的朝臣们就自己生父朱佑杬的尊号问题上，进行了长达三四年的争论，成为明代历史上的著名事件，并且有很多官员都卷入这场礼争之中。

嘉靖认为，我是皇上，我亲爹也要追封为皇上。以杨廷和为首的朝臣们认为，那样做是行不通的，你是过继过来的，你爹追封为皇上，原来的武宗、孝宗这一支怎么办？嘉靖应称武宗的生父朱佑樘为皇父，称自己的生父朱佑杬为皇叔父。而支持嘉靖的朝臣们主张，当今皇上理所当然应该称生父为皇父，称武宗的父亲孝宗为皇伯父，也就是说，即使是皇帝，也应该认自己的亲生父亲为父，这才更符合人伦。早在明朝之先，北宋时也发生过类似事件。宋英宗立为太子时，正在为生父濮安懿王守丧。位居九五之尊后，他也想把生父升格为皇帝。平治二年（1065 年），英宗把已故的父亲名分问题交给朝臣们去讨论，于是朝臣们很快分成泾渭分明的两大派。一派支持，一派反对，双方各执一辞，引经据典，唇枪舌剑，不亦乐乎。这场

“濮议之争”，就连司马光、欧阳修就样的大历史学家和大文学也都卷了进去。

三年争斗，终于有了结果：嘉靖赢了，他的父亲被追封为睿宗。这场礼争，至今也看不出有什么特别意义，甚至有些无聊。

总有这样一些人

邹元标是明朝万历年间的进士。当年就在邹元标刚出道还没有任何官职的情况下，竟能上书指出当朝宰辅张居正父亲过世不肯丁忧守孝的可耻可恶。这一奏章使得他惹怒了皇上，耽误了张居正推进新政的大事，在紫禁城午门外受到廷杖，给打瘸了腿，并革去进士头衔，流放到偏远的贵州。

几年后张居正死了，邹元标被神宗万历皇帝召回北京，任命为给事中，司职监察。

邹元标到任不久，他又上书直接批评万历皇帝既无所作为，又不能清心寡欲，长此下去会荒政误国。万历皇帝见到奏章后，并没说什么，只批了个“知道了”，算是给足了他的面子，没有追究他的唐突。然而，这个邹元标竟然不识抬举，又第二次上书，奏章上说万历有过不改，装腔作势，没有君子风度。这次使万历皇帝龙颜震怒，把这个不知感恩的谏官再次廷杖，当着众臣的面又给打了屁股。不仅如此，邹元标晚年还极力为张居正评功摆好，肯定新政给举国上下带来的发展和繁荣。

中国历朝历代的官吏中，有很多不知趣的“犟种”，他们的一些表现和作为，在改进社会公平、稳定社会秩序、和谐人际关系方面，不能不说起到些许作用。然而对于朝廷来说，他们是即受欢迎的人，又是不受欢迎的人。

为官须地区回避

清朝立国以来，出于廉政建设考虑，在地方官派任的问题上，做出明显的规定：凡本省人都不能在本省为官，即使在临省，也要和原籍保持五百里以上。没有行政职能的武官和学官除外。这种地区回避制度，主要是为排除各种亲情、乡情和人情的干扰，尽可能断绝一些人事方面的往来，创造一个可以放手做事的工作环境，以便于为官能够更好地临民理政。这种地区回避制度，对于官场腐败，还是有一定遏制作用的。

在今天看来，异地为官的作为也远远大于本地为官。如是而已。

简单的道理

史书里面经常有这样的记载：文人的官才多半不如他们的文才。文人们的官才不大，官瘾却不小。不让他们过一过做官的瘾，就是不公平，就是压制人才。结果文人一旦陷入官场，为仕为文两耽误。明代文学家袁宏道对做官并不怎么感兴趣，然而他对做官却有着精辟的见解。他给人解释说，显赫的官职是非常诱人的，就好像一个妙龄美女，人人都想得到她，但无论如何不要把她送给那些纵欲好色，身体又不好的人。送他美女，不是为他好，而是坑害他，美女会让他死于非命。

没有那个本事，却给他那个位子，就是害他。这种用心虽说极为险恶，但被坑害的人还要感激不尽，因为这时候他的眼里看到只有“美女”。

“美女”是诱惑人的。同样，做官也是诱惑人的。

文人与癖

花不可无蝶，山不可无泉，石不可无苔，水不可无藻，乔木不可无藤萝，人不可无癖。

优良的癖好，可以看作是一种精神上的愉悦。在古人心目中，常把梅、兰、竹、菊视作清高、廉洁的象征，更有不少文人为之倾倒。陶渊明癖菊，周敦颐喜莲，林和靖爱梅。苏东坡说："宁食无肉，不可居无竹，无肉令人瘦，无竹令人俗。"

也有癖好其他的文人：米芾癖奇石，怀素喜蕉叶，王羲之爱鹅，屈原常以香草比喻忠贞之人。物也有灵性。于是，杏便以董奉为知己，茶便以陆羽为知己，瓜便以邵平为知己，鸡便以处宗为知己。一旦相互成为知己，便永远不更移。至于春秋鹤与卫庄公结缘，是鹤的不幸。

明代文学家张岱说："人无癖不可交，以其无深情也；人无疵不可交，以其无真气也。”

一些癖好的形成，通常是由于文人不得志，借以寓情托志。

文人不可以无癖，无癖，即无生趣，但不能有恶癖。

耳提面命

在一个长期受着儒家思想教化的国度里，无论是作为整体的国家，还是作为局部的家庭，一直把“仁”、“德”视作“修身、齐家、治国、平天下”的最高境界。

齐家，就是建立一套完整的家庭秩序。作为治家教子的训诫，有如一枚金币的两面：一面是社会意识形态家庭化；一面是家庭教育社会化。传统的家训，包括格言、书信以及各种文字记录，讲究耳提面命。这种教育与被教育的关系，讲的是立身与处世，讲的是和为贵，讲的是父慈子孝、长幼有序、兄友弟恭。

就家训本身而言，它不仅是经验之谈，是谆谆教导与叮咛，还闪烁着智慧的光芒：每一部家训都带有相当的哲理性、针对性和亲情色彩。只要潜心研读，即可见其中语重心长。譬如有名的《颜氏家训》、《朱子家训》和《曾文正公家训》等，都是历史上极有品位和质量的家训。

家训作为一种老人哲学，一概讲的是训诫和经验，后人听也得听，不听也得听，至于能否按此修身并奉为准则，则是另外一回事。整日地耳提面命，即使再出格的思想，再不开化的头脑，也会灌以痕迹的。

诗歌是跳舞，散文是走路，耳提面命的家训，或者应当休息和睡觉才是。

焚书那些事

中国历代都焚书。

据《隋书》记载，中国的文献典籍曾经遭受过五次严重的焚毁，即所谓的“五厄”：秦初嬴政坑儒焚书；西汉王莽之乱焚书；东汉董卓之乱焚书；西晋八王之乱焚书；南北朝北方动乱焚书。

明人胡元瑞在《少室山房笔丛》补论，自隋以降，又有“五厄”：隋之乱焚书；安史之乱焚书；唐末之乱焚书；靖康之变焚书；绍兴之祸焚书。

明清之后的焚书也是惊人的。仅清初十四年间，朝廷就下令禁焚图书二十多次。

历史好像跟焚书有关。焚书就是焚思想。今天的历史，可以说是一次又一次被焚烧过的历史。在火焰面前，书是脆弱而无力的。然而火焰过后，灰烬中仍然有思想的萌芽，王冠却未必永远辉煌。

焚书不是方法，断了的根，还会长出须来。限制思想的发展与传播，靠焚书与历史隔断，只会给后人留下不该有的尴尬与遗憾。

刘项原来不读书。

"知道了"

中国的汉字中，有三个字是很妙的，妙在意犹未尽，妙在你不得不去认真去"捉摸"和"琢磨"，这三个字就是明朝皇帝们非常喜欢用的"知道了。"

明朝皇帝在批阅奏折时，不批"阅"、"已阅"，不批"可"或"即可"，而爱批"知道了"。

"知道了"仅此三个字，即让你摸不清皇上的真实意图，所呈奏折是行还是不行？办还是不办？往往让下官非常犯难。

这种公文形式的模糊色彩，似是而非，领会错了，轻者会丢掉帽子，重者会丢掉脑袋。"知道了"作为一种常有理，进可攻退可守，可以阅尽人间春色，可以舍我其谁，可以功不可没，可以一推六二五。

"知道了"这种模棱两可的思维和办事方式，看似模糊，实为不负责任并暗藏杀招，让人无所适从不说，更让人永远受制于它，这便是帝王的权术。

皇上“知道了”，下官就什么也“不知道”。今人别这样。

宽容精神

清康熙是个很有意思的皇帝，他明明不相信基督教那一套，却能容忍基督教在他的帝国存在。那些身前身后的欧洲传教士，从康熙身上，看到了他的学识、素养和风范。其结果是：康熙和他的左右以及他的帝国，不曾被基督教化，而那也是些传教士们却隐隐约约地被“儒化”了。他们发现，中国的儒家哲学，既是工具，又是方法，既是头脑，又是行为，有许多妙不可言的地方。于是，传教士们便把他们半懂不懂的中国“哲学”，带回到自己的国家。也正是这些来自东方的信息和意识形态，给欧洲文明以滋补，为后来的启蒙运动注入了新的养分。仅此这一点看来，康熙是宽容且极聪明的。

向于成龙学习

于成龙是清康熙时的政府公务员，历任知县、知州、知府、道员、按察使、布政使、巡抚和总督等职。在二十余年的宦海生涯中，三次被举“卓异”吏部，以卓著的政绩和廉洁清苦的一生，深得百姓爱戴，被康熙誉为“天下廉吏第一”。

四十多岁那年，于成龙抛妻别子，接受朝廷委任，赴任广西罗城县令。于成龙到罗城时，遍地荒芜，县衙也只是几间破茅草房。同他一起来的工作人员不久或死或逃。罗城百废待举，首要任务是稳定社会秩序，恢复生产。于成龙采取一系列治世方法，在消除内忧外患的同时，广招流民以恢复生产，他常常深入田间地头访问农事，发展经济。在深得民心之后，他又以刚柔并用的斗争策略，解决了诸多社会问题。仅三年时间，罗城的现状就得到了基本改善，出现了百姓安居乐业的景象。

于成龙第一次被举荐为广西“卓异”，升任四川合州知州。四川连年战乱，合州人口骤减，地荒无人种。于成龙以招抚百姓为急务，注意为新附百姓解决定居与垦荒中的具体困难，并亲自为他们区划田舍、登记注册，帮助解决生产资料。不到二年，合州人口速增，田园也得到了大面积耕种。由于招民垦荒政绩显著，于成龙又被擢升为湖广黄州府同知。于成龙去往黄州府同知任上，依然政绩突出，深得上级器重，再次被举“卓异”。

四年后，于成龙晋升为湖广下江陆道道员。在湖北期间，无论地位和环境都有很大改善，但他仍然保持异于常人的艰苦朴素的工作作风。在灾荒岁月，他以瓜菜代粮，把节余的口粮和薪俸救济灾民。在升任福建按察使离开湖北时，仍是两袖清风，沿途自带干粮充饥。

康熙十八年，于成龙在按察使任上第三次举“卓异”，升任布政使，继而为直隶巡抚。翌年又被康熙召见，当面褒赞他为“今时清官第一”。不到二年，又出任两江总督。

于成龙随即赴任江南，入境即微行访于民间，面对州县的积弊状况，很快颁布了《兴利除弊约》，责令进行整改。与此同时，他还根据自己的体会，制订了以勤抚恤、慎刑法、绝贿赂、杜私派、严征收、崇节俭为内容的地方官行为准则。于成龙的官阶虽然越升越高，但生活却更加清苦。为扼制奢侈腐化，他带头践行与民同甘共苦。

于成龙为官二十余年，只身天涯，不带眷属，与结发妻子阔别了二十年后才得以一见。于成龙逝世后，江苏百姓闭市号哭为他送行，可见中下层人民对于成龙是感念至深的。康熙破例为他亲撰碑文，这是对他廉洁刻苦一生的表彰。

一扫官样文章

官样文章，旧指官场上例行的公文，有固定的格式和套话，多为内容空洞，装腔作势。

官样文章一词，最初出自于宋人吴厚处的《青箱杂记》："王安国曰：'文章格调须官样。'"

官是有样的。官样文章，也用来比喻那些内容空洞、徒具形式、不解决实际问题的行为和空话。官样文章例行经年，为官竞相效仿，有过之而无不及，被视为官场至宝。

清康熙年间，有个叫张伯行的清官，为人正直清廉，康熙皇帝很赏识他的才干，称他是"江南第一清官"。张伯行在江苏巡抚任上时，就以整肃社会风气为目的，首先针对各级官吏，严禁盘剥百姓，不准用民财互相请客送礼，徇私舞弊，中饱私囊。

张伯行向省内发布一份布告，让百姓家喻户晓：

一丝一粒，我之名节；一厘一毫，民之脂膏。宽一分，民受之不止一分；取一分，我为人不值一文。谁云交际之常，廉耻之伤，倘非不义之财，此物何来！

这个只有五十多字的布告，一扫官样文章的装腔作势。

改夷为洋

自古以来，华夏民族一直以中国为“中”国，为天朝泱泱大国。习惯称洋人为“夷”，把西方国家与周边少数民族等同加以鄙视，以至于近代史上的一个时期内，把涉外事务一律称之为“夷务”。

鸦片战争之后，一些率先觉醒的有识之士，开始睁大眼睛看世界，逐渐看清了这个世界是怎么回事。于是，便一改以往的偏见，认识到大国的文明已远远落后于人家，便以“洋”代“夷”，称西学为西洋文化，并提出“中学为体，西学为用”。

改“夷”为“洋”，不管是自觉的，还是被动的，毕竟承认了西方文化作为一种务实的学问，这不能不说是认识上的一个进步。

改“夷”为“洋”，一方面出于无奈，一方面承认了差距。

能够及早地认识到这一步，便及早地赶上去；不愿承认差距，便永远难以进取和作为。后来，又有张之洞等人，用“新学”代替了“西学”，实际上这是把中国传统文化作了相对应的一个方面。学习西方先进文化的思想基础，从改“夷”为“洋”那个时候就打下了。

革命啦

近年来，“革命”一词日渐陌生起来，人们越来越说不出个所以然来。曾几何时，“革命”那可是使用频率最高的词汇，革命家、革命性、革命同志、教育革命、文化革命、技术革命……比比皆是，不是革命的，就是反革命的。“革命”是个很吓人的词汇。

“革命”一词最早见于《易经》：“天地革而四时成，汤武革命，顺乎天而应乎人……”意思是说，天地由变革而形成四季的变化，殷汤王、周武王革命，是顺乎天时和民心的，是势所必然的行动。那个时候，改朝易姓，即称“革命”。秦以后，由于朝代不断更迭，“革命”一词并未流传下来。

直至清末民初，革命志士也只是把自己的正义之举称之为“光复”、“复兴”和“举义”等。

到了1895年11月，孙中山等人筹划广州起义失败后，经香港东渡日本，在神户上岸后，买了一份日文报纸，报上赫然登着一则消息："支那革命党首领孙逸仙抵日。"孙中山一边看报纸一边思考，突然叫道："好，好！'革命'二字很好，正合我意。从今以后，我们就说革命，不说造反。"从此，"革命"一词便流传开来。

今日我们理解"革命"，宽泛比狭义更有助于社会和谐。